中国金融稳定报告

China Financial Stability Report

2016

中国人民银行金融稳定分析小组

中国金融出版社

中国人民银行金融稳定分析小组

组　长：范一飞

成　员（以姓氏笔画为序）：

王　煜　纪志宏　朱　隽　李　波
邢毓静　余文建　杨伟中　张　涛
陆　磊　邵伏军　金　荦　宣昌能
盛松成　谢　众

《中国金融稳定报告2016》指导小组

史耀斌　范一飞　王兆星　姜　洋
陈文辉

《中国金融稳定报告2016》编写组

总　纂：宣昌能　黄晓龙　梁世栋　陶　玲

统　稿：黄晓龙　杨小军　张甜甜

执　笔：第一章：刘　通　赵　岳　樊石磊　马　辉

第二章：李　达　马志扬　曾园园　郑颖昊　刘　珂　计　茜　翟　春　付竞卉　周轶海　胡　婧　汪天都

第三章：陈建新　林文顺　赵　民　赵冰喆　丁洪涛　陈　颖　楼　丹

第四章：孟　辉　李敏波　许　玥　孙寅浩　郑境辉

第五章：王少群　陈　敏　刘　浏

第六章：孟　辉　李敏波　许　玥　孙寅浩　郑境辉　肖　婕　邱　杰　朱　光　董　明　吕　威

第七章：李　达　董　进　高阳宗　吕　远　王　牌　田　野　黄珊珊　刘晨晖　杜　静　拓　扬　王　瑱

第八章：刘　通　赵冰喆　谢　丹　胡　平　黄　铎　刘　婕　任秋宇　欧阳熙鹏　陶振伟　胡　婧

专题一：王秀丽　曾冬青　张双长

专题二：欧阳昌民　孙　彬

专题三：陈建新　刘　波　丁洪涛　许　玥　楼　丹

专题四：张晓蕾　祝春光　任　笛　王少博

附　录：刘　通　高慧颖　刘　珂　丁洪涛　刘　波　许　玥　郑境辉　刘　浏　徐晶晶

其他参与写作人员（以姓氏笔画为序）：

于明星　马军伟　王尊州　刘向东　田　娟　季　军　郭大勇　洪　波　温茹春　贾甜甜

综　　述

2015年，全球经济总体缓慢复苏，主要经济体增长态势和货币政策进一步分化，国际金融市场和大宗商品价格波动加剧。我国宏观经济运行总体平稳，金融业改革全面深化，金融机构实力进一步提高，金融市场规范创新发展，金融基础设施建设扎实推进，金融体系总体稳健，服务实体经济的能力继续增强。

金融业规范发展。银行业资产负债规模保持增长，服务“三农”和小微企业的水平继续提升，配置到经济社会重点领域和薄弱环节的信贷资源不断增加，开发性、政策性金融机构改革取得重要进展，银行业整体资本充足率稳中有升，信用风险总体可控。证券期货业经营稳健，市场主体平稳发展，产品创新有序开展，各项市场基础性制度建设进一步完善，资本市场双向开放继续推进。保险业资产规模不断扩大，保费收入快速增加，资金运用收益大幅增长，经营效益稳步提升，服务社会民生能力增强。

金融市场稳健运行。产品种类不断丰富，参与主体趋向多元化，基础设施进一步完善，对外开放取得积极进展。货币市场利率总体下行，交易量显著增加。债券市场发行规模增长显著，交易活跃度持续提高，参与主体进一步丰富，企业融资成本降低。股票指数总体上涨，期间出现大幅波动，股票融资规模大幅增长。期货成交量快速增长，商品期货价格持续下跌，股指期货价格大幅波动。人民币利率衍生品市场交易活跃度继续上升，产品创新发展迅速。

金融基础设施建设扎实推进。支付、清算和结算体系日益完善，人民币跨境支付系统上线运行。金融法律法规不断健全，行政审批事项继续精简。会计标准体系建设进一步完善，企业会计准则持续优化，政府综合财务报告制度建设全面推进。征信业发展和社会信用体系建设有序推进，征信市场和信用评级市场监督管理进一步加强。反洗钱工作稳步推进，执法检查和国际合作持续开展。金融消费权益保护工作机制不断完善，相关监督评估工作顺利推进。

宏观审慎管理进一步加强。金融监管协调部际联席会议工作制度不断完善，金融领域重大问题相关研究进一步深入，宏观调控与金融监管的协调配合继续加强。金融机构宏观审慎评估体系建立，将差别准备金动态调整机制“升级”为宏观审慎评估。外汇流动性和跨境资金流动纳入宏观审慎管理范畴，进一步完善了宏观审慎政策框架。系统性风险监测评估和系统重要性金融机构监管不断加强。

当前，我国经济正处于结构调整和转型升级的关键时期，金融发展两难多难问题增多，金融体系不稳定因素增加，金融稳定面临诸多挑战。国际方面，全球经济仍处于深度调整和再平衡阶段，发达经济体复苏基础仍不稳固，新兴市场经济体总体表现疲弱。国际金融市场波动有所加大，地缘政治风险增多，未来国际经济金融形势存在较大不确定性。国内方面，经济增速换挡、结构调整阵痛、新旧动能转换相互交织，经济增长内生动力不足，结构性问题和矛盾仍然突出，部分地区和领域的潜在风险逐步显现。结构性产能过剩比较严重，企业杠杆率仍然高企，商业银行不良贷款持续反弹，非法集资风险有所抬头，一些跨行业、跨市场风险及风险传染的隐患值得关注。

2016年，面对更加复杂的经济金融形势，要全面贯彻党的十八大和十八届三中、四中、五中全会和中央经济工作会议精神，适应经济发展新常态，坚持稳中求进工作总基调，继续实施积极的财政政策和稳健的货币政策，着力加强供给侧结构性改革，去产能、去库存、去杠杆、降成本、补短板，提高供给体系质量和效率，促进经济金融更高质量、更有效率、更加公平、更可持续发展。大力推动金融改革开放，持续释放改革红利，深化重点领域改革，加强金融监管，完善宏观审慎政策框架。完善金融风险监测、评估、预警和处置体系建设，全面排查风险隐患，强化对跨行业、跨市场风险及风险传染的分析研判。完善金融监管协调机制，防止监管空白和监管套利。持续做好存款保险制度实施各项工作，完善金融安全网。强化底线思维，及时采取有效措施，牢牢守住不发生系统性区域性金融风险的底线。

目 录

专题

专栏

第一章

国际经济金融环境

2015年，全球经济形势更加复杂，主要经济体增长态势和货币政策进一步分化，国际金融市场和大宗商品价格波动加剧，地缘政治等非经济扰动因素更趋恶化。展望2016年，世界经济复苏过程中不稳定性、不确定性因素较多，各经济体需采取措施积极应对不利冲击，推进结构性改革，加强宏观政策协调，促进经济平稳增长。

一、主要经济体经济形势

2015年，全球经济缓慢复苏。发达经济体继续温和复苏，美国经济复苏势头相对平稳，欧元区经济复苏缓慢，日本经济波动较大且仍存通胀下行压力。新兴市场经济体增长仍快于发达经济体，但已连续五年放缓，部分经济体脆弱性上升。

美国经济复苏态势逐步稳固。2015年美国GDP同比增长2.5%。第一季度受年初不利天气等因素影响，实际GDP环比折年率为0.6%。从第二季度开始，在制造业和服务业均保持扩张势头、消费增速回升、房地产市场持续回暖等因素的共同驱动下，经济出现反弹，但第四季度制造业和服务业扩张势头有所减缓，后三季度GDP环比折年率分别为3.9%、2.0%和1.4%。全年劳动力市场持续改善，12月失业率5.0%，降至2008年以来最低值。通胀水平全年保持低位，12月末通胀率同比增长0.7%。贸易赤字继续上升，2015年全年贸易赤字达5 315亿美元。

欧元区经济缓慢复苏。受益于欧央行刺激政策和欧元贬值等因素，欧元区经济缓慢复苏。全年欧元区经济温和增长，四个季度实际GDP环比折年率分别为2.3%、1.6%、1.2%和1.3%。衡量消费者和企业信心的欧元区经济景气指数全年上行至12月的106.7，创近四年来最高水平。劳动力市场持续改善，全年失业率稳步下行至12月的10.4%，为2012年2月以来最低水平。虽然欧央行采取了多种刺激政策，但欧元区通胀水平依然处于低位，且仍面临较大的下行压力。

日本经济波动较大且仍存通胀下行压力。2015年第一季度日本经济增速大幅反弹，但随后受私人消费和净出口大幅萎缩影响，经济增速下滑，后三季度环比折年率分别为-1.4%、1.4%和-1.1%。虽然制造业采购经理人指数（PMI）数据回升明显、失业率持续改善，但受国际油价持续快速下跌等影响，除第一季度外，通胀水平保持低位，下行压力依然存在，离日本央行2%的通胀目标仍有较大差距。此外，自2013年开始日本汇率保持低位，但对出口的提振效果并不显著，由于2015年进口额大幅下降，日本贸易逆差显著缩小至2.84万亿日元。

表1–1　　主要发达经济体宏观经济金融指标

国别	指标	2015年第一季度			2015年第二季度			2015年第三季度			2015年第四季度		
		1月	2月	3月	4月	5月	6月	7月	8月	9月	10月	11月	12月
美国	实际GDP增速（环比折年率，%）	0.6			3.9			2.0			1.0		
美国	失业率（季调，%）	5.7	5.5	5.5	5.4	5.5	5.3	5.3	5.1	5.1	5.0	5.0	5.0
美国	CPI（同比，%）	–0.1	0.0	–0.1	–0.2	0.0	0.1	0.2	0.2	0.0	0.2	0.5	0.7
美国	DJ工业平均指数（期末）	17 165	18 133	17 776	17 841	18 011	17 620	17 690	16 528	16 285	17 664	17 720	17 425
欧元区	实际GDP增速（环比折年率，%）	2.3			1.6			1.2			1.3		
欧元区	失业率（季调，%）	11.2	11.2	11.2	11.1	11.0	11.0	10.8	10.8	10.7	10.6	10.5	10.4
欧元区	HICP综合物价指数（同比，%）	–0.6	–0.3	–0.1	0.0	0.3	0.2	0.2	0.1	–0.1	0.1	0.1	0.2
欧元区	EURO STOXX 50（期末）	3 198	3 401	3 435	3 439	3 444	3 285	3 432	3 110	2 977	3 216	3 288	3 100
日本	实际GDP增速（环比折年率，%）	4.6			–1.4			1.4			–1.1		
日本	失业率（季调，%）	3.6	3.5	3.4	3.3	3.3	3.4	3.3	3.4	3.4	3.1	3.3	3.3
日本	核心CPI（同比，%）	2.2	2.0	2.2	0.3	0.1	0.1	0.0	–0.1	–0.1	–0.1	0.1	0.1
日本	日经225指数（期末）	17 674	18 798	19 207	19 520	20 563	20 235	20 585	18 890	17 388	19 083	19 747	19 034

资料来源：各经济体相关统计部门及中央银行。

新兴市场经济体增速继续放缓，部分经济体脆弱性上升。受美联储加息预期、国际资本流动逆转、大宗商品价格持续低迷的影响，以及地缘政治冲击和自身结构性因素制约，除印度保持7.3%的高速增长外，诸如马来西亚、印度尼西亚等大多数新兴市场经济体金融市场风险上升，经济增速大幅放缓。部分国家甚至出现负增长，如巴西GDP同比下跌3.8%，俄罗斯GDP同比下跌3.7%。

二、国际金融市场形势

2015年以来，受美联储加息预期、主要经济体货币政策持续分化、地缘政治风险加剧等多种因素影响，全球金融市场波动较大。大多数经济体货币对美元贬值，国债和股市波动加剧，大宗商品价格继续下跌，国际油价持续低迷。

全球大多数经济体货币对美元贬值。受美联储加息预期影响，美元指数持续上升，其他大多数主要经济体货币对美元汇率出现不同程度贬值。截至2015年末，欧元、英镑和日元对美元汇率分别为1.086美元/欧元、1.473 8美元/英镑和120.3日元/美元，较上年末分别贬值10.23%、5.36%和0.52%。新兴市场经济体货币对美元普遍贬值。其中，哈萨克斯坦坚戈和巴西雷亚尔贬值30%以上，南非兰特、俄罗斯卢布、阿根廷比索均贬值20%以上，马来西亚林吉特、墨西哥比索、印尼盾均贬值10%以上。

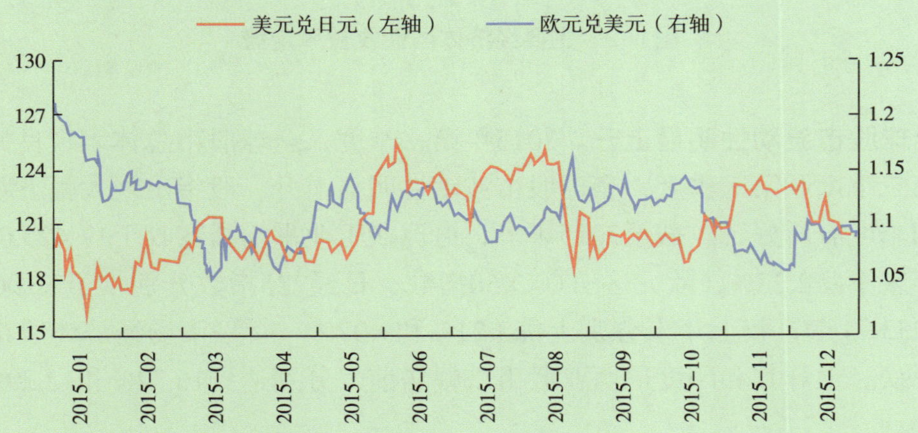

数据来源：路透。

图1-1　主要货币汇率走势

各经济体国债收益率走势出现分化。受货币政策不一致影响，发达经济体国债收益走势呈现差异性。截至2015年末，美国、德国和英国10年期国债收益率分别收于2.275%、0.634%和1.961%，较上年末分别上升了10个、14个和21个基点，日本10年期国债收益率收于0.325%，较上年末下降了5个基点。新兴市场经济体国债收益率走势出现分化。阿根廷、俄罗斯和希腊10年期国债收益率较上年末分别下降840个、428个和121个基点，巴西、土耳其、南非和印度尼西亚10年期国债收益率则较上年末分别上升了416个、238个、197个和102个基点。

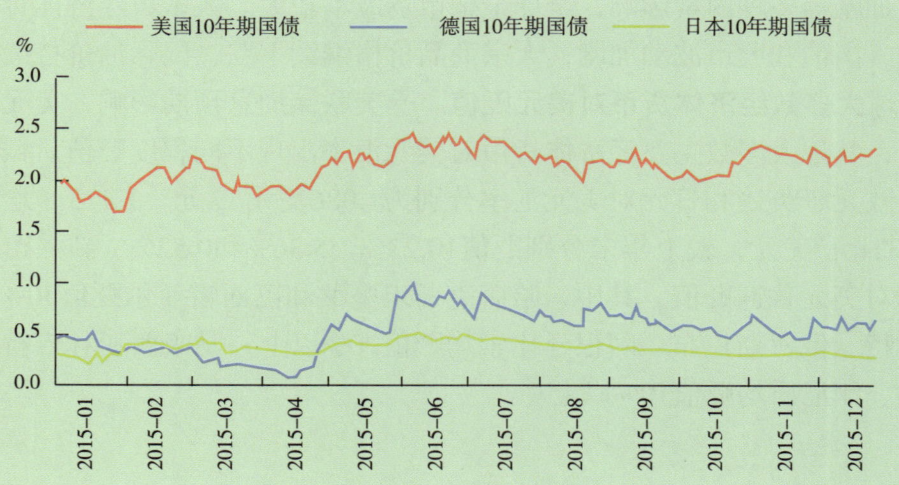

数据来源：路透。

图1-2　主要经济体国债收益率走势

全球股市波动性明显上升。2015年第一季度，全球股市总体表现良好，但进入第二季度和第三季度，全球股市波动性明显上升，股指出现大幅下跌，直至第四季度有所好转。截至2015年末，道琼斯工业平均指数收于17 425.03点，较上年末下跌2.23%，欧元区STOXX50指数、日经225指数分别收于3 100.26点和1 9033.71点，较上年末分别上涨3.21%和9.07%。新兴市场经济体股市普遍出现下跌。土耳其和印度尼西亚股市跌幅居前，分别达到16.32%和12.39%。

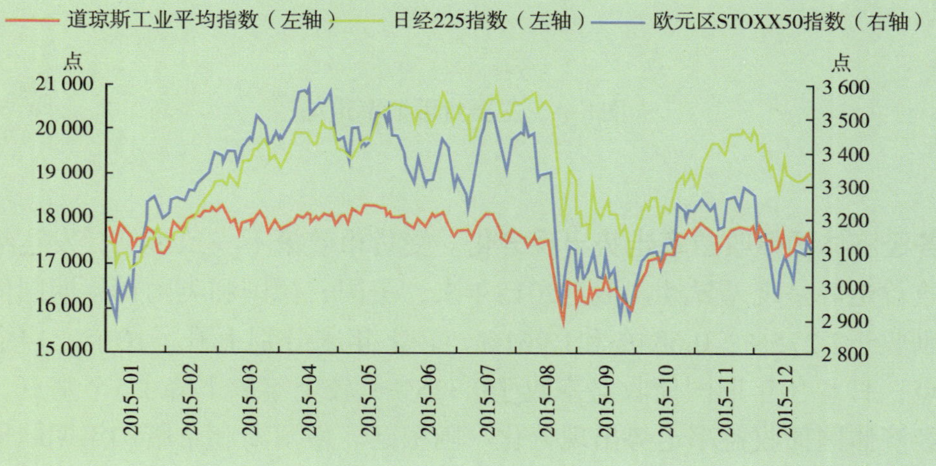

数据来源：路透。

图1-3　主要股指走势

国际黄金和原油价格继续下跌。2015年末，涵盖全球主要大宗商品的美国商品调查局（CRB）现货综合指数报收374.70，较上年末下降63.05，降幅进一步扩大。黄金市场价格继续下跌，2015年国际黄金价格最高1 295.75美元/盎司，最低1 049.40美元/盎司，年末收于1 062.25美元/盎司，较上年末下跌137.00美元/盎司。国际原油价格继续下跌，截至年末，纽约轻质原油期货价格和伦敦布伦特原油期货价格分别收于每桶37.04美元和37.28美元，全年跌幅达29.7%和33.9%。

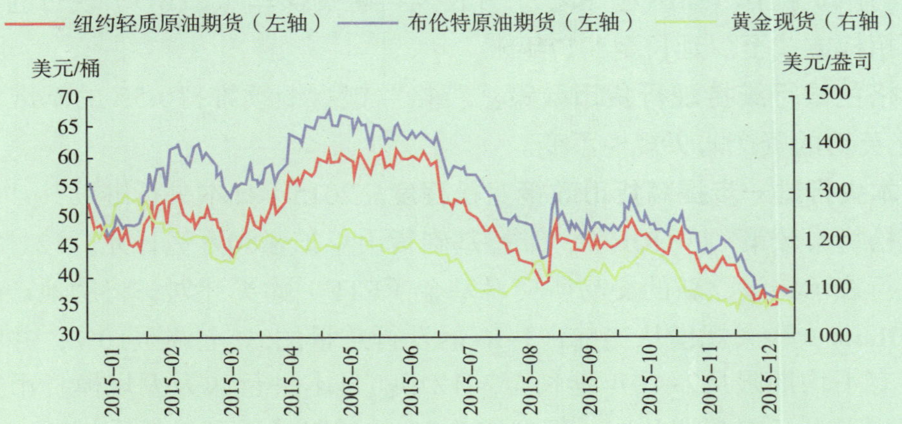

数据来源：路透。

图1-4　国际黄金、原油价格走势

全球货币市场利率走势呈现分化。2015年，伦敦同业拆借市场美元Libor在美联储加息预期下震荡走高，11月后上升势头更为明显，2015年末收于1.178%，大幅上升55个基点。受欧央行宽松货币政策升级等因素影响，欧元Libor收于0.0593%，较上年末下跌23个基点。欧元区同业拆借利率Euribor延续了上年的下行趋势，收于0.060%，较上年末下跌了27个基点。

三、主要经济体货币政策

2015年以来，主要发达经济体和部分新兴市场经济体货币政策进一步分化。

美联储提高政策利率。12月16日，美联储正式启动加息，将联邦基金利率目标区间由0–0.25%上调25个基点至0.25%–0.5%，同时将法定和超额准备金利率由0.25%上调25个基点至0.5%，将贴现率从0.75%上调25个基点至1.00%。美联储指出，加息后一段时间仍维持宽松货币政策立场。

欧央行加大宽松货币政策力度。欧央行于1月宣布进一步扩大资产购买规模至600亿欧元，同时将资产购买范围扩大至欧元区政府、机构和欧洲企业发行的债券。3月，欧央行启动了公共部门债券购买计划（PSPP），并于9月扩大了单一国家债券购买比例上限（从25%上调至33%）。12月3日，欧央行宣布下调存款便利利率10个基点至-0.30%，维持原有再融资操作利率（0.05%）和边际贷款便利利率（0.30%）不变，并将资产购买计划延长至2017年3月，将主要再融资操作（MRO）和三个月长期再融资操作（LTRO）现行的固定利率全额招标方式至少延长至2017年末。

英格兰银行维持现行货币政策。英格兰银行继续维持0.5%的基准利率和3 750亿英镑的资产购买规模不变。

日本央行进一步提高货币政策宽松程度。2015年日本央行继续其“量化和质化宽松货币政策”（QQE），维持基础货币年扩张80万亿日元。12月18日，日本央行表示将设立新的交易所交易基金（ETF）购买计划，将房地产投资信托（J-Reits）购买规模从当前占J-Reits发行总量的5%上调至10%，并将日本国债持有平均期限从7-10年延长至7-12年。日本央行认为大规模货币宽松政策的实施引发汇率预期效应，但要实现2%的通胀目标仍然任重道远，今后将继续维持宽松货币政策。

新兴市场经济体货币政策进一步分化，政策制定难度加大。一方面，俄罗斯、韩国、匈牙利、印度尼西亚、印度、乌克兰等经济体为提振经济、缓解外部冲击先后放宽了货币政策，其中俄罗斯5次下调7天回购利率共600个基点至11%，韩国和匈牙利基准利率已降至历史最低水平。另一方面，巴西、秘鲁、南非、哥伦比亚、智利、墨西哥、沙特、阿联酋、科威特等经济体收紧货币政策以应对国内通胀压力，减少美联储加息带来的冲击。此外，美联储加息、大宗商品持续走低对多个新兴市场经济体的财政与外汇储备带来较大压力，为此哈萨克斯坦、阿根廷、阿塞拜疆、南苏丹四国先后宣布放弃固定汇率制度，允许汇率自由浮动。

四、风险与挑战

当前，世界经济仍处于深度调整和再平衡阶段，在经济增速放缓的同时，不确定性、不稳定性因素较多。发达经济体货币政策分化、部分新兴市场经济体经济增速放缓、国际大宗商品价格低位震荡等因素，是当前世界经济发展面临的主要挑战。

美联储加息导致主要发达经济体货币政策进一步分化，可能产生一定外溢效应。主要经济体货币政策的分化及其相互影响，将会引发全球资产配置的调整和风险的重新定价，加大主要储备货币之间的汇率波动，并加剧跨境资本流动。同时，美联储加息路径也可能受到多重因素制约，包括美国经济扩张受周期性因素影响动能减弱、美国经济受到海外冲击、美元汇率持续大幅走强等，其不确定性可能进一步增大未来全球经济和金融市场的波动性。

部分新兴市场经济体可能面临严峻的经济下行压力。美联储加息之前，许多新兴市场经济体经常账户赤字比重和外债负担率较高，已经暴露出一定的经济脆弱性。美联储加息之后，新兴市场经济体宏观经济政策与发达经济体协同的难度进一步增加，不少经济体面临收紧本国货币政策和应对国内经济下行压力的两难选择。在此背景下，具备经常账户赤字较高、对外债依赖性较高、对大宗商品出口依赖较高、名义上或实际上实行盯住美元汇率制度等特征的新兴市场经济体，潜在风险需重点关注。

国际大宗商品价格低位震荡，出口国经济下行压力和债务风险增加。2015年，石油等大宗商品价格始终保持低位震荡态势。受世界经济增长低于预期、地缘政治紧张、供需关系等多重因素相互影响，未来大宗商品价格不确定性依然较大。部分经济结构较为单一、以初级大宗商品出口为经济支柱的国家经济增长面临严重冲击，债务风险不容忽视。

地缘政治风险有所上升。国际反恐形势更加严峻，中东地缘政治更趋复杂，可能对包括国际原油价格在内的全球金融市场产生影响。同时，欧洲移民潮危机仍将持续，短时间内难以找到合适的解决方案，可能影响欧元区经济复苏。

五、展望

2016年，全球经济将继续呈现不均衡复苏。IMF预计2016年和2017年全球经济增速分别为3.4%和3.6%，低于前期预测值。各经济体能否加强宏观政策协调，妥善应对潜在不利因素，促进经济增长，是全球经济金融能否保持稳定的关键。

美国经济预计将继续向好。受能源价格较低、财政赤字收窄以及房地产和劳动力市场状况改善等有利因素影响，美国经济预计将继续复苏，IMF预测美国经济增长率将从2015年的2.5%上升至2016年的2.6%。但美元走强对出口和制造业带来的压力也可能影响美国经济增长前景。继续推进结构性改革、制定长期财政计划，有助于改善劳动力市场，提高劳动力参与率和劳动生产率，保证财政可持续性，促进经济增长。

欧元区经济预计将继续温和复苏势头。受低能源价格、宽松货币政策和欧元贬值等有利因素影响，IMF预测其经济增长速度将从2015年的1.5%上升至2016年的1.7%。为促进经济复苏，欧元区可能采取进一步措施，包括：保持财政政策灵活性，进一步落实“欧洲投资计划”，积极利用公共资金带动私人部门投资；继续推进结构性改革，重点改善劳动力市场和服务业市场环境，并鼓励创新；应对移民潮可能带来的冲击和潜在影响。

日本经济可能走向缓慢复苏。受财政整顿推迟、能源价格下跌、金融环境宽松及消费增长等因素影响，日本经济短期内仍将保持复苏态势，IMF预计日本经济增长率将由2015年的0.6%上升至2016年的1.0%。为提振经济，日本有可能进一步推进结构性改革，完善农业、能源和税收等领域政策，采取措施缓解劳动力不足的压力。同时，应密切关注宽松货币政策下金融体系对市场流动性减少、资产价格波动增大等不利因素抵抗力减弱的风险。

新兴市场经济体经济增速可能略有回升。IMF预计其2016年增速将由2015年的4.0%上升至4.3%。为减少经济脆弱性，促进经济增长，新兴市场经济体可能采取的措施包括：继续推进结构性改革，突破基础设施瓶颈，解放供给侧约束，形成富有活力和创新氛围的商业环境；加强对金融部门的监管，实施宏观审慎政策，保持金融系统稳定；维持汇率灵活性，缓解外部不利冲击。对于财政收入紧张的国家，可考虑削减公共支出、提高支出效率、提高非大宗商品收入，增强财务可持续性。

第二章

中国经济金融运行

2015年，面对错综复杂的国际形势和艰巨繁重的国内发展改革稳定任务，我国坚持稳中求进工作总基调，主动适应和引领经济发展新常态，着力稳增长调结构防风险，创新宏观调控方式，继续实施积极的财政政策和稳健的货币政策，经济运行总体平稳，稳中有进，稳中有好。

一、宏观经济运行

（一）经济保持平稳运行，产业结构持续优化

国家统计局初步核算，2015年我国名义国内生产总值（GDP）67.67万亿元，按可比价格计算，同比增长6.9%。第一至第四季度同比分别增长7.0%、7.0%、6.9%、6.8 %（见图2–1），走势总体平稳。分产业看，第一产业增加值6.09万亿元，增长3.9%；第二产业增加值27.43万亿元，增长6.0%；第三产业增加值34.16万亿元，增长8.3%。从产业增加值占GDP的比重看，第一产业为9.0%，下降0.2个百分点；第二产业为40.5%，下降2.2个百分点；第三产业为50.5%，提高2.4个百分点，比第二产业高10.0个百分点。第三产业比重持续提升，首次超过50%，产业结构继续优化。

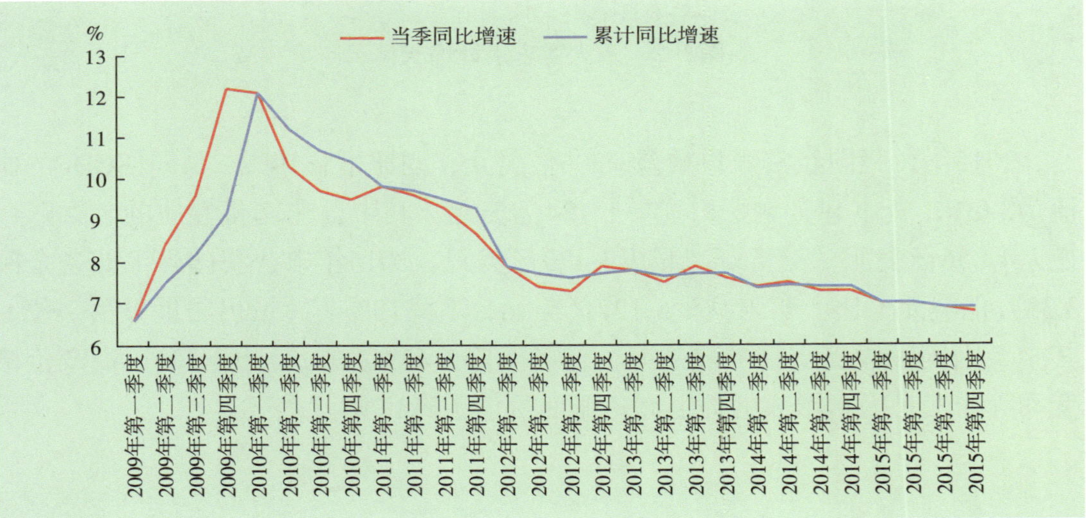

数据来源：国家统计局。

图2–1　中国经济增长情况

（二）需求结构有所改善，国际收支基本平稳

2015年，全社会固定资产投资56.20万亿元，同比增长9.8%（见图2–2），

增速比上年回落5.5个百分点。社会消费品零售总额30.09万亿元，同比增长10.7%，增速回落1.3个百分点。货物进出口总额24.58万亿元，比上年下降7.0%。其中，出口14.13万亿元，下降1.8%；进口10.45万亿元，下降13.2%。进出口相抵，全年贸易顺差3.68万亿元，同比增长56.3%。需求结构进一步改善，全年最终消费支出对GDP增长的贡献率为66.4%，提高15.4个百分点。

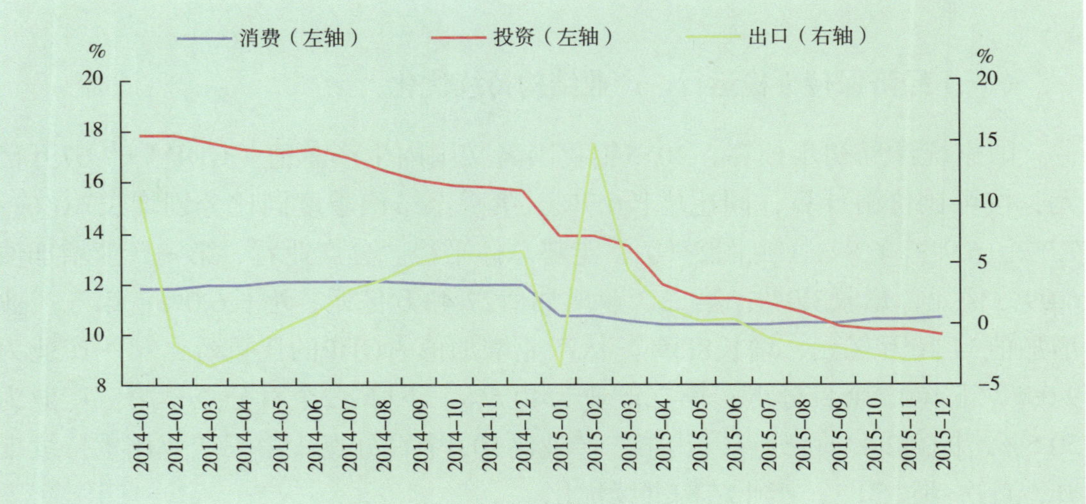

数据来源：国家统计局。

图2–2　三大需求累计增长情况

2015年，我国经常账户顺差3 306亿美元，同比增长19%，与同期GDP的比值为3.0%；资本和金融账户逆差1 424亿美元，其中，非储备性质的金融账户逆差4 856亿美元，储备资产减少3 429亿美元。2015年末，我国外汇储备余额3.33万亿美元，比上年末减少5 127亿美元，下降13%，总量仍居世界第一位，其中，因国际收支交易形成的外汇储备下降3 423亿美元，因汇率、资产价格变动等非交易因素形成的外汇储备账面价值下降1 703亿美元。

专栏1　人民币国际化持续推进

2015年，围绕金融服务实体经济，促进贸易投资便利化，人民币国际化持续快速推进。

一、人民币加入特别提款权（SDR）

2015年11月30日，国际货币基金组织决定将人民币纳入SDR货币篮子。SDR货币篮子相应扩大至美元、欧元、人民币、日元、英镑5种货币，人民币在SDR货币篮子中的权重为10.92%，美元、欧元、日元和英镑的权重分别为41.73%、30.93%、8.33%和8.09%，新的SDR篮子将于2016年10月1日生效。人民币加入SDR，有助于增强SDR的代表性和吸引力，完善现行国际货币体系，增强国际货币和金融体系的活力，从而更好地支持中国和全球经济的发展和稳定，对中国和世界是双赢的结果。

二、人民币国际使用稳步增长

根据环球同业银行金融电讯协会（SWIFT）统计，2015年12月，人民币是全球第3大贸易融资货币、第5大外汇交易货币、第5大支付货币。按照国际收支统计，人民币已连续五年成为中国第二大跨境收付货币。2015年，跨境人民币收付金额合计12.1万亿元，同比增长22%。截至年末，使用人民币进行结算的境内企业已达17万家，已有逾124个境外国家和地区的银行在中国境内开立人民币同业往来账户。同时，人民币跨境金融交易有序开展。截至年末，共有292家境外机构获批银行间债券市场额度1.98万亿元，人民币合格境外机构投资者（RQFII）试点境外国家和地区由上年末的10个拓展到 16个，156家合格境外机构获得投资额度4443亿元，15家机构开立人民币合格境内机构投资者（RQDII）专户115个。境外机构和个人持有境内人民币金融资产合计3.74万亿元。持有人民币储备资产的境外央行（或货币当局）数量不断增加，年末约50家境外央行或货币当局在中国境内持有人民币金融资产并纳入其外汇储备。

三、跨境人民币业务政策框架不断优化

进一步便利跨国企业开展人民币双向资金池业务，中国人民银行发布《关于进一步便利跨国企业集团开展跨境双向人民币资金池业务的通知》，为跨国企业集团进行境内外资金余缺调剂提供更多便利和更大空间。积极开展跨境人民币业务创新，已在全国15个地区开展跨境人民币创新试点业务。拓宽人民币跨境金融交易渠道，金融市场双向开放进程明显加快，明确已获准进入银行间债券市场的清算行和参加行可开展债券回购交易；明确境外央行、国际金融组织、主权财富基金运用人民币投资银行间市场实行备案制，并自主决定投资规模；明确境内原油期货以人民币为计价结算货币，引入境外交易者和境外经纪机构参与交易；明确境外央行类机构可进入银行间外汇市场交易。

四、基础设施不断完善，国际合作成效显著

人民币跨境支付系统（CIPS）成功上线运行，人民币跨境清算结算体系在运行时间、清算路径等方面实现了新的突破。人民币跨境收付信息管理系统（RCPMIS）进一步完善，全面监测分析评估资金跨境流动状况，为现场和非现场检查提供支撑，防范相关风险。境外人民币清算安排进一步扩大，截至年末，中国人民银行已在20个国家和地区建立了人民币清算安排，覆盖东南亚、西欧、中欧、中东、北美、南美、大洋洲和非洲等地。2015年，境外清算行人民币清算量累计312.09万亿元。双边货币合作进一步深化。截至年末，中国人民银行已与33个国家和地区的央行或货币当局签署了双边本币互换协议，协议总规模超过3.3万亿元人民币，在便利双边贸易和投资、维护区域金融稳定方面发挥了积极作用。

（三）消费价格温和上涨，PPI连续下降

2015年，居民消费价格指数（CPI）同比上涨1.4%，涨幅比上年回落0.6个百分点（见图2–3），其中各季度涨幅分别为1.2%、1.4%、1.7%和1.5%。分类来看，食品价格上涨2.3%，涨幅回落0.8个百分点；非食品价格上涨1.0%，涨幅回落0.4个百分点；消费品价格上涨1.2%，涨幅回落0.6个百分点；服务价格上涨2.0%，涨幅回落0.5个百分点。工业生产者出厂价格指数（PPI）同比下降5.2%，降幅扩大3.3个百分点，其中，生产资料价格同比下降6.7%，生活资料价格下降0.3%。工业生产者购进价格（PPIRM）同比下降6.1%，降幅扩大3.9个百分点。

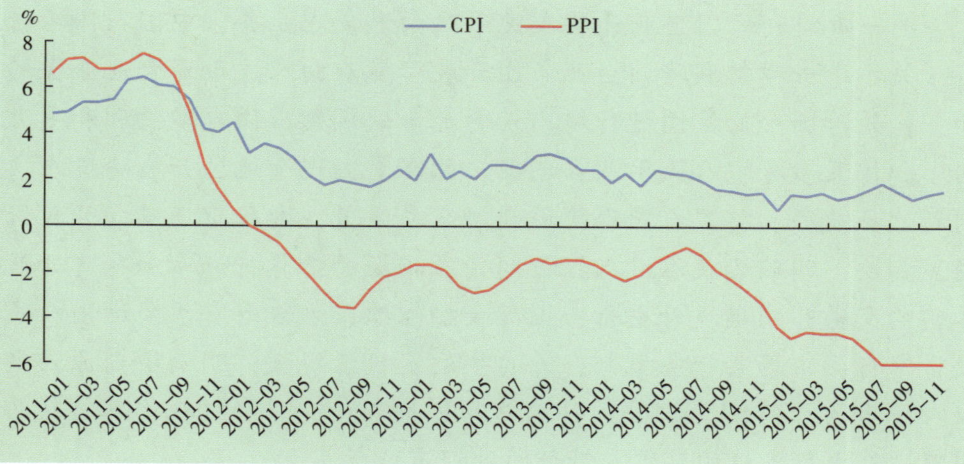

数据来源：国家统计局。

图2–3　主要物价指数月度同比走势

（四）财政收入增速放缓，财政支出刚性增长

2015年，一般公共财政预算收入15.22万亿元，同比增长5.8%（同口径，下同），增速回落2.8个百分点（见图2-4），低于上年预算报告的预期增速。其中，中央一般公共预算收入6.92万亿元，占全国一般公共预算收入的45.5%，同比增长7%；地方一般公共预算本级收入8.30万亿元，同比增长4.8%。从收入结构看，全国税收收入12.49万亿元，占全国一般公共预算收入的82.1%，同比增长4.8%；非税收入2.73万亿元，同比增长10.6%。

全年全国一般公共预算支出17.58万亿元，同比增长13.2%，增速比上年上升4.9个百分点。其中，中央本级支出2.55万亿元，同比增长12.8%；地方一般公共预算支出15.02万亿元，同比增长13.2%。全国财政赤字1.62万亿元，与同期GDP之比为2.4%。

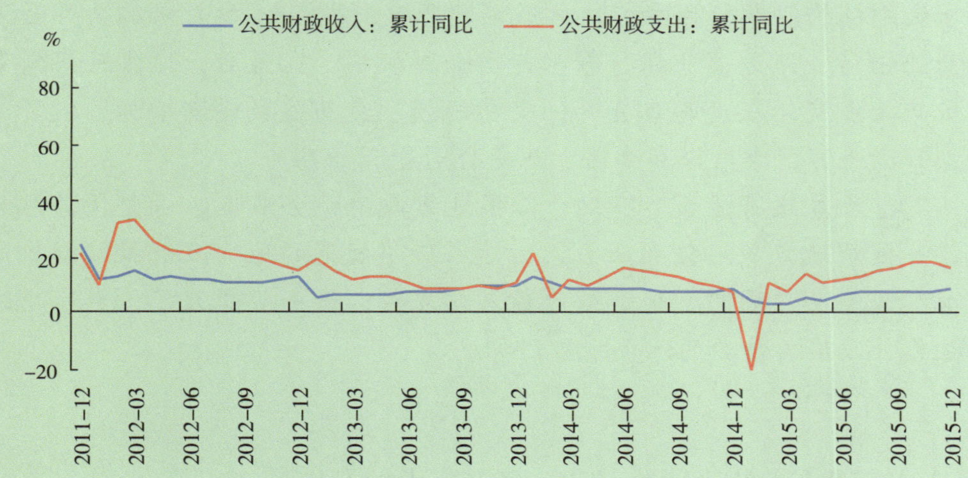

数据来源：国家统计局。

图2-4 财政收入和财政支出增长率

专栏2 2015年地方政府债券发行情况

2015年，按照国务院总体工作部署，地方政府发行债券置换高成本、低透明度的各类债务工作稳步推进。总体来看，地方政府债券发行有如下特点：

发行规模增长较快。继2014年部分地方政府试点发行债券之后，

2015年地方政府债券发行规模快速增长。全年共有30个省级政府和4个计划单列市政府发行债券，发行规模总计3.8万亿元，其中公开招标发行3万亿元，通过定向承销方式置换发行0.8万亿元。江苏、贵州、浙江、山东和四川发行量位居前五，约占全国地方政府债券发行总量的四分之一。6月和11月的单月发行量均突破7 000亿元，总规模约占全年发行量的40%。

发行期限较长，发行利率与国债利差逐步扩大。地方政府债券共有1年、3年、5年、7年、10年5个期限品种，大部分省市选择发行3年以上期限的债券，平均发行期限6.4年左右。发行利率方面，公开招标的地方政府债券初期发行利率与国债持平，后期较国债利差逐步扩大，普遍高于国债基准30bp左右；定向承销方式置换发行的地方政府债券发行利率普遍高于国债基准50bp左右。

认购机构以银行为主。地方政府债券发行初期，参与机构全部是大型商业银行、地方商业银行等银行类金融机构。10月后，地方政府债券二级市场成交活跃度逐步提升，交易规模、交易笔数逐渐增加，投资者类型日渐丰富，少数证券公司、基金公司等开始参与。

发行地方政府债券，有助于降低地方政府债务成本，调整债务结构安排，缓解地方政府债务压力，对建立透明规范的地方政府投融资机制具有积极意义。同时，地方政府债券的发行，进一步扩大了债券市场发行主体，政府类债券的比重明显增加。

（五）工业企业收入增速下降，经营压力加大

2015年，全国规模以上工业企业主营业务收入110.33万亿元，同比①增长0.8%，增速回落6.2个百分点；实现利润总额6.36万亿元，同比下降2.3%，增速回落5.6个百分点；主营业务收入利润率为5.76%，同比下降0.14个百分点。41个工业大类行业中，29个行业利润总额比上年增长，12个行业下降，其中，电力、热力、燃气及水生产和供应业利润上涨较快，实现利润总额5 340.6亿元，同比增长13.6%；采矿业利润下降较多，实现利润2 604.2亿元，同比下降58.2%。

① 由于规模以上工业企业范围每年发生变化，为保证本年数据与上年可比，计算各项指标同比增长速度和增长量所采用的同期数与本期的企业统计范围相一致，和上年公布的数据存在口径差异。

人民银行5 000户工业企业调查结果表明企业经营压力较大。从盈利看，样本企业主营业务收入由2014年[①]同比上升2.6%，转变为2015年[②]同比下降8.5%；利润总额同比下降22.4%，降幅同比扩大20.2个百分点。从资产周转看，样本企业存货周转率为4.9次，同比下降0.5次；总资产周转率为0.7次，同比下降0.1次；营业周期为143.5天，同比增加13.8天。从资产负债率看，样本企业资产负债率上升至62.4%，同比上升0.5个百分点；流动比率为101.5%，与上年持平；速动比率75.5%，同比提高1.1.5个百分点（见图2-5）；利息保障倍数为3.4倍，同比下降0.7倍。

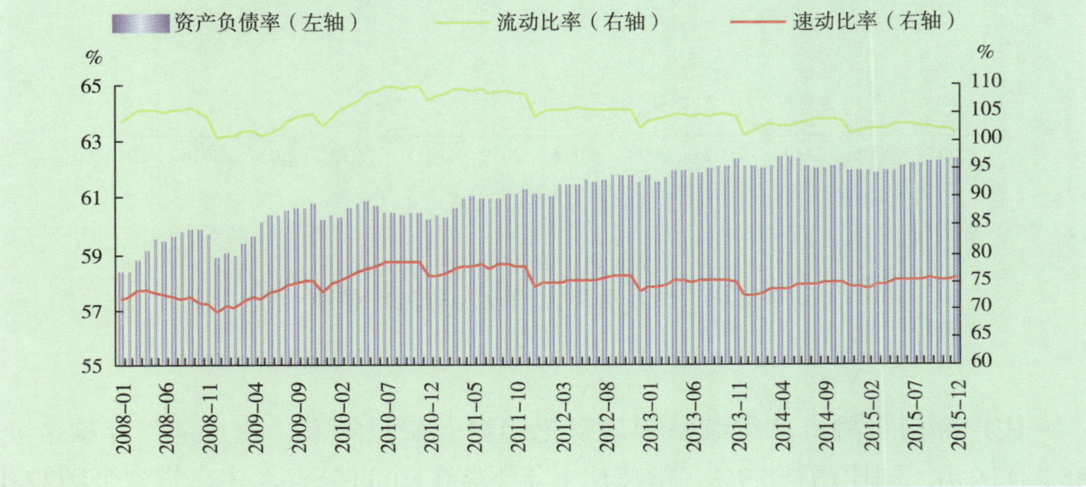

数据来源：中国人民银行。

图2-5 5 000家企业资产负债率、流动比率和速动比率

（六）就业形势总体稳定，住户部门金融资产继续呈现理财化趋势

2015年，全国城镇新增就业1 312万人，比上年少增10万人，城镇登记失业率4.05%，比上年下降0.04个百分点。居民人均可支配收入21 966元，比上年名义增长8.9%，扣除价格因素实际增长7.4%。城镇居民人均可支配收入31 195元，扣除价格因素实际增长6.6%，增速比上年下降0.2个百分点；农村居民人均可支配收入11 422元，扣除价格因素实际增长7.5%，增速比上年下降1.7个百分

① 由于样本企业调整、财务数据更新等原因，本文所用2014年末数据均为最新的、经过调整后的数据，可能与上年报告中的数据存在一定差异。

② 部分企业需披露审计后的年报数据，因此报送日期可能有所延迟。本文中2015年末的财务数据，已根据2016年3月末企业报送的最新数据进行了更新，与最终年报数据可能存在差异。

点（见图2–6）。城乡居民收入差距继续缩小，农村居民人均可支配收入实际增速快于城镇居民人均可支配收入0.9个百分点。

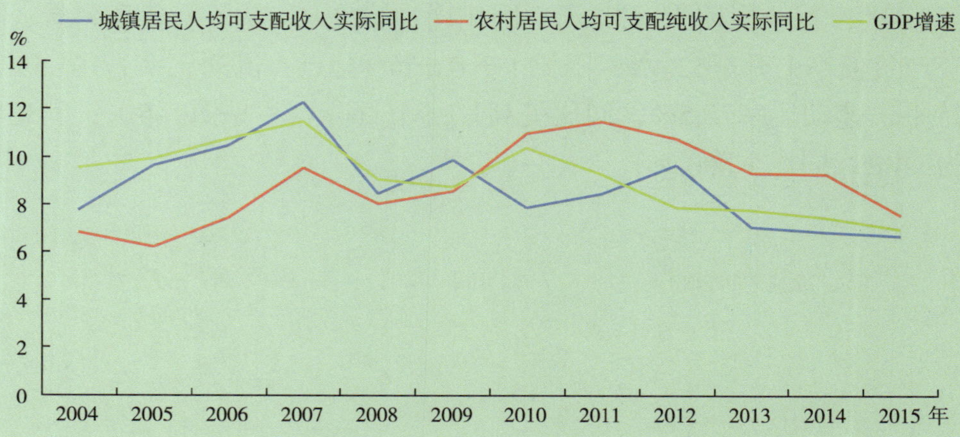

数据来源：国家统计局。

图2–6　城乡居民人均收入与GDP增速

住户部门金融资产继续呈现理财化趋势。截至年末，住户部门存款余额55.2万亿元，同比增长8.9%，增速比上年下降0.1个百分点。住户贷款余额27.0万亿元，同比增长16.8%，增速比上年末高0.2个百分点，其中，个人住房贷款比年初增加2.5万亿元，同比多增9 333亿元。截至年末，理财资金账面余额22.5万亿元，同比增长62.3%，较上年末上升14.6个百分点；其中个人资金余额11.5万亿元，同比增长29.1%。证券公司客户资产管理业务规模11.88万亿元，同比增长45%，基金管理公司和具有公募基金牌照的证券公司管理的公募基金规模8.4万亿元，专户理财资产规模12.7万亿元，个人投资者持有的A股已上市流通股市值12.5万亿元。个人不良贷款余额和不良率都有所增加。截至年末，个人不良贷款余额（包括非经营贷款和经营性贷款）5 138.8亿元，比年初增加1 259亿元，不良率为1.9%，比年初提高0.22个百分点。个人住房按揭贷款、个人信用卡贷款和个人汽车贷款的不良贷款余额都有所增加，分别为502.7亿元、591.6亿元和50.4亿元，分别比年初增加202.3亿元、198.5亿元和4.8亿元；个人住房按揭贷款、个人信用卡贷款和个人汽车贷款不良率分别为0.4%、1.8%和1%。

二、货币金融运行

2015年，我国继续实施稳健的货币政策，加强预调微调，优化政策组合，更加注重改革创新，疏通货币政策向实体经济的传导渠道，提高金融运行效率和服务实体经济的能力。总体看，银行体系流动性合理充裕，货币信贷和社会融资规模平稳较快增长，利率水平明显下降，人民币汇率弹性增强，货币金融环境基本稳定。

（一）货币信贷平稳增长

货币总量平稳增长。2015年末，广义货币（M_2）余额139.2万亿元，同比增长13.3%，增速比上年末高1.1个百分点；狭义货币（M_1）余额40.1万亿元，同比增长15.2%，增速比上年末高12.0个百分点；流通中货币（M_0）余额6.3万亿元，同比增长4.9%，增速比上年末高2.0个百分点；全年净投放现金2 957亿元，同比多投放1 269亿元。2015年M_2增速前低后高，全年保持较快增长态势。银行体系流动性较为充裕，政府信用扩张较快，商业银行通过购买地方政府债券等证券投资供给了大量货币。

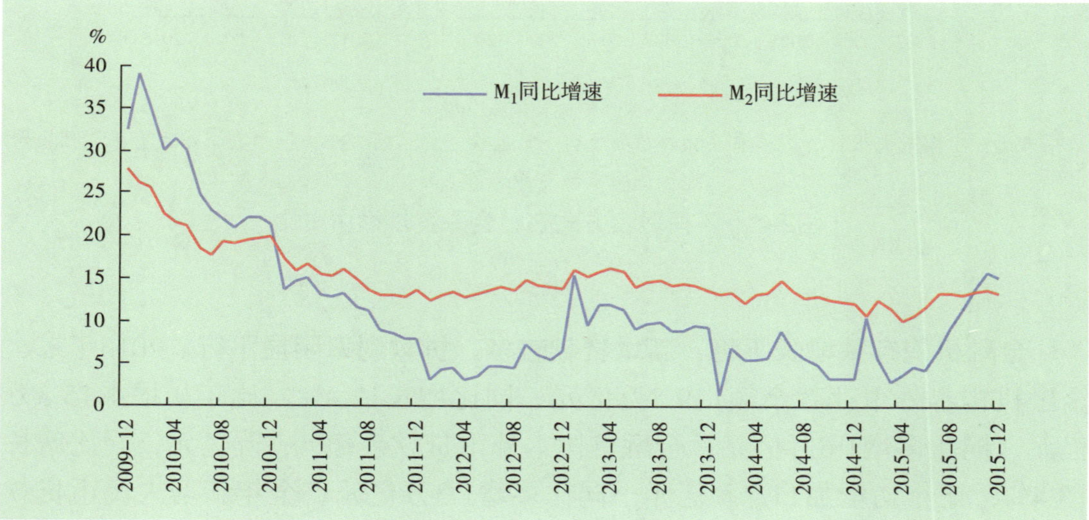

数据来源：中国人民银行。

图2-7　货币供应量增长情况

社会融资规模总体适度。初步统计，2015年社会融资规模为15.41万亿元，同比减少4 675亿元。从结构看，一是人民币贷款占比增加较多，占同期社会融资规模增量的73.1%，同比提高11.7个百分点。二是委托贷款、信托贷款和未贴现银行承兑汇票融资同比均有较大下降，占同期社会融资规模增量的3.7%，同比降低12.5个百分点。三是非金融企业债券和股票融资均大幅度增加，直接融资占比明显上升，占同期社会融资规模增量的24.0%，同比提高6.0个百分点。四是外币贷款连续6个月净减少。

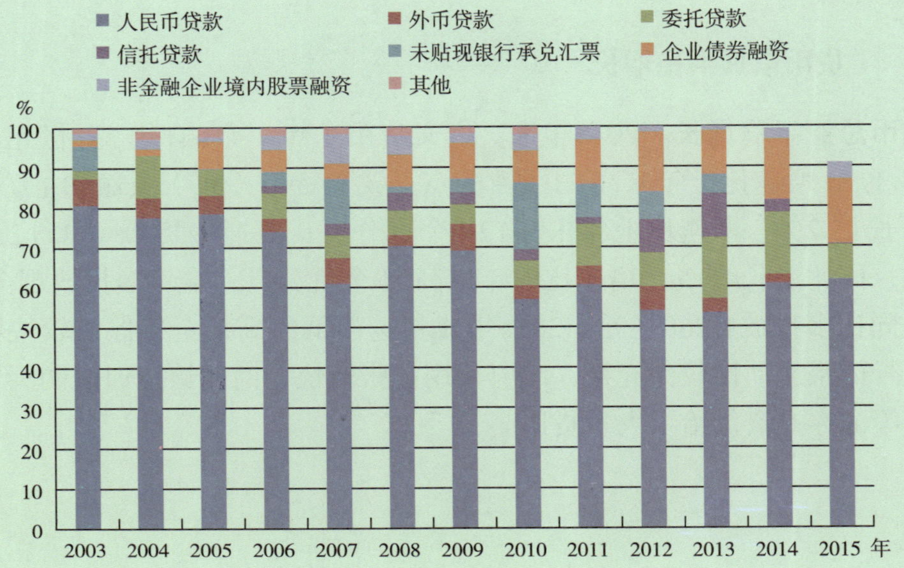

数据来源：中国人民银行、国家发展和改革委员会、证监会、保监会、中央国债登记结算有限责任公司和银行间市场交易商协会等。

图2-8 不同融资方式在社会融资规模中占比

金融机构存款增长平稳，新增贷款较多，贷款利率明显下行。2015年末，金融机构本外币存款余额139.8万亿元，同比增长12.4%，比年初增加15.3万亿元，同比多增1.6万亿元；金融机构本外币贷款余额99.3万亿元，同比增长13.4%，比年初增加11.7万亿元，同比多增1.3万亿元；全年新增人民币贷款11.7万亿元，同比多增1.8万亿元。金融机构贷款利率明显下降，12月，非金融企业及其他部门贷款加权平均利率为5.27%，比上年12月下降1.5个百分点，为2010年以来最低水平。

（二）货币政策操作

优化政策工具组合和期限结构，保持流动性合理充裕。2015年，受美联储加息、外汇占款变化等因素影响，银行体系流动性管理的难度和复杂性趋于上升。人民银行及时调整货币政策工具的操作方向，灵活提供不同期限流动性，保持流动性合理充裕。五次下调存款准备金率，弥补长期流动性缺口。以逆回购为主搭配短期流动性调节工具（SLO）灵活开展公开市场操作，有效熨平流动性短期波动。运用常备借贷便利（SLF）、中期借贷便利（MLF）、抵押补充贷款（PSL）等工具，适时向银行体系提供流动性。扩大信贷资产质押再贷款试点范围，完善央行抵押品管理框架。

发挥价格杠杆调节作用，引导市场利率下行。五次下调金融机构人民币存贷款基准利率，九次引导7天期逆回购操作利率下行，采取多种措施促进隔夜与7天利差收窄至合理水平，改善市场短期利率期限结构。加快构建中期政策利率和利率走廊上限，通过中期借贷便利投放中期基础货币，发挥其作为中期政策利率的作用。

完善宏观审慎政策框架，引导货币信贷合理增长。将差别准备金动态调整机制“升级”为宏观审慎评估（MPA）体系。从2016年起，将从资本和杠杆、资产负债、流动性、定价行为、资产质量、跨境融资风险、信贷政策执行七大方面对金融机构行为进行多维度引导。同时，研究构建资本流动管理宏观审慎政策框架。以上海自贸区模式为基础，构建本外币一体化的全口径跨境融资宏观审慎管理框架。

加大重点领域和薄弱环节支持，助力结构调整升级。继续发挥定向降准的正向激励和结构引导功能，对中小金融机构、农村金融机构执行较低的准备金率。合理增加支农支小再贷款、再贴现限额，下调信贷政策支持再贷款利率，研究在支农再贷款项下设立扶贫再贷款，引导金融资源向贫困地区聚集，提高扶贫开发金融服务水平。加大对开发性金融和政策性金融的抵押补充贷款支持力度，政策对象由国家开发银行扩大至农业发展银行和进出口银行，用于支持发放棚改贷款、重大水利工程贷款、人民币“走出去”项目贷款等。

寓改革于调控之中，提升金融运行效率。一是加快推进利率市场化改革，不断完善市场化利率形成和传导机制。取消存款利率浮动上限，利率管制基本放开。健全市场利率定价自律机制。继续推进同业存单业务发展，启动发行面向企业和个人的大额存单。二是完善人民币汇率中间价形成机制，人民币汇率双向浮动弹性进一步增强。三是存款准备金实施平均法考核，增强金融机构管理流动性和灵活性，平滑货币市场波动。

专栏3 稳妥有序推进人民币汇率形成机制改革

2005年以来，人民银行一直稳妥有序地推进人民币汇率形成机制市场化改革。2007年5月21日、2012年4月16日和2014年3月17日，人民币对美元汇率浮动幅度经三次调整由0.3%扩大至2%。2005年9月起，取消了对银行为客户办理结售汇业务时非美元货币对人民币的挂牌汇率浮动区间限制；2014年7月起，取消了银行对客户美元挂牌汇率浮动区间限制。

2015年8月11日，人民银行宣布完善人民币兑美元汇率中间价形成机制，做市商在每日银行间外汇市场开盘前，参考上日银行间外汇市场收盘汇率，综合考虑外汇供求情况以及国际主要货币汇率变化向中国外汇交易中心提供中间价报价。一方面在机制上加大市场供求对汇率形成的决定性作用，提高中间价的市场化程度；另一方面则顺应市场的力量对人民币汇率适当调整，使汇率向合理均衡水平回归。改革后中间价与市场汇率之间的偏离得到校正，中间价的市场化程度和基准作用明显增强。

未来，人民银行将坚持市场化取向，根据中央的改革部署和国际收支格局的变化规律，稳妥有序完善市场化汇率形成机制，发挥市场在汇率形成中的决定性作用，增强人民币汇率双向浮动弹性，建立汇率调节国际收支的市场化长效机制，保持人民币汇率对一篮子货币基本稳定，促进国际收支平衡。

三、展望

当前，我国经济发展长期向好的基本面没有变，经济韧性好、潜力足、回旋空间大的特质也没有改变，经济结构不断优化，改革开放向纵深迈进，新产业、新业态、新动力加快孕育，服务业和消费增长较快，成为支撑经济增长的主要力量。但国际国内经济金融形势依然复杂严峻，经济发展仍然面临一些突出矛盾和问题。世界经济深度调整，复苏乏力，外部环境不稳定、不确定因素增加。我国经济增速换挡、经济结构调整阵痛、新旧动能转换相互交织，经济下行压力加大，结构性问题和矛盾仍然突出，特别是结构性产能过剩比较严重，企业杠杆率仍然高企。

2016年是“十三五”的开局之年，要全面贯彻党的十八大和十八届三中、四中、五中全会和中央经济工作会议精神，牢固树立和贯彻落实创新、协调、绿色、开放、共享的发展理念，适应经济发展新常态，坚持稳中求进工作总基调，着力加强供给侧结构性改革，在适度扩大总需求的同时，去产能、去库存、去杠杆、降成本、补短板，提高供给体系质量和效率，促进经济金融实现更高质量、更有效率、更加公平、更可持续发展。

完善稳健有效的宏观调控体系。继续实施积极的财政政策和稳健的货币政策，创新宏观调控方式，加强区间调控、定向调控、相机调控，统筹运用财政、货币政策和产业、投资、价格等政策工具，采取结构性改革尤其是供给侧结构性改革举措，为经济发展营造良好环境。积极的财政政策要加大力度，适度扩大财政赤字，实行减税降费，进一步减轻企业负担。创新财政支出方式，优化财政支出结构，适当增加必要的财政支出和政府投资，加大对民生等薄弱环节的支持。保持货币政策的连续性和稳定性，统筹运用公开市场操作、利率、准备金率、再贷款等各类货币政策工具，保持银行体系流动性合理充裕，疏通传导机制，降低融资成本。进一步完善宏观审慎政策框架，组织实施好宏观审慎评估，引导金融机构广义信贷合理增长，营造中性适度的货币金融环境。

不断优化信贷结构，支持实体经济发展。盘活存量，优化增量，改善融资结构和信贷结构，支持经济发展新动能形成。加强信贷政策与产业政策协调配合，支持重点领域和行业转型调整，做好“一带一路”、京津冀协同发展等金融支持工作。改进农村金融服务水平，全面做好扶贫开发金融服务工作。加大对科技、文化、创业创新的支持力度。

深化重点领域改革，持续释放改革红利。继续推进利率市场化改革，培育市场基准利率和收益率曲线，健全市场化的利率形成和传导机制及中央银行政策利率体系，发挥好市场利率定价自律机制的作用。进一步完善市场化汇率形成机制，推动外汇市场深化发展和对内对外开放，保持人民币汇率在合理均衡水平上的基本稳定。推进股票、债券市场改革和法制化建设，促进多层次资本市场健康发展，提高直接融资比重。继续深化金融机构改革，改善金融机构公司治理机制。完善存款保险制度职能，发挥存款保险对风险的早期纠正和及时处置作用。

加强金融监管，完善宏观审慎管理制度。在鼓励金融创新、继续减少行政审批的同时，切实加强金融监管。积极参与国际金融规则与标准制定，稳妥推进我国落实国际监管改革措施和稳健标准。积极发挥金融监管协调机制的作用，对跨市场、跨行业、交叉性的金融创新，明确政策原则，落实监管责任，防止监管空白和监管套利。继续加强宏观审慎管理，完善宏观审慎政策框架，增强逆周期调控能力和手段。加强对系统重要性金融机构、金融基础设施和外债宏观审慎管理。

防范和化解经济金融风险，全力维护金融稳定。全面排查风险隐患，加强全方位风险监测预警。完善金融业综合经营制度安排，建立交叉性产品综合统计体系和信息平台，强化对跨行业、跨市场风险及风险传染的分析研判，着力防范风险交叉传染。完善金融风险监测、评估、预警和处置体系建设，妥善处置风险事件。坚持底线思维，及时采取有效措施，坚决守住不发生系统性区域性风险的底线。

专栏4 积极促进普惠金融发展

普惠金融概念自提出以来得到二十国集团（G20）、世界银行、国际货币基金组织等国际组织的大力推广，逐渐成为一套涉及经济结构调整和金融体制变革等重大问题的发展战略理念。中国在2015—2017年担任普惠金融全球合作伙伴（GPFI）联合主席国，该组织为G20框架下致力在全球范围内推动普惠金融发展的国际组织。

中国一直高度重视推动普惠金融发展。党的十八届三中全会正式提出“发展普惠金融”。2015年11月，《中共中央关于制定国民经济和社会发展第十三个五年规划的建议》发布，提出“发展普惠金融，着力加强对中小微企业、农村特别是贫困地区金融服务”。12月31日，国务院印发《推进普惠金融发展规划（2016—2020年）》，勾勒出未来五年中国普惠金融发展蓝图。

相关部门已采取多项措施，积极推动普惠金融发展。一是实施激励性的货币信贷政策。通过差别化存款准备金率政策、支农、支小再贷款和再贴现政策，引导地方法人金融机构扩大涉农、小微企业信贷投放，降低社会融资成本，促进农村中小金融机构提高普惠金融服务水平。二是出台支持性的财政政策。发挥财政资金的杠杆作用，出台税收优惠政策，支持和引导金融机构及社会资金支持小微企业和“三农”服务发展。三是加快金融基础设施建设。推动建立了有利于实施各项惠农政策的银行账户服务体系，基本实现了家家有账户、补贴能到户。四是规范发展征信体系建设。人民银行金融信用信息基础数据库为国内每一个有银行信用活动的企业和个人建立了信用档案，数据质量稳步提升，服务功能日益增强。五是支持建立多元化的金融组织体系。支持民营银行、村镇银行、小额贷款公司等发展。六是引导互联网金融等新业态规范发展。近年来，农村地区移动互联网网民规模庞大并快速增长，银行、券商、保险等金融机构服务半径进一步扩展，有助于改变农村地区金融服务薄弱和竞争不足的现状。七是鼓励面向弱势群体、欠发达地区和中小企业的金融产品创新。在农村地区开展林权抵押贷款、农村承包土地的经营权抵押贷款、农村住房财产权抵押贷款等各类农村产权的抵押贷款创新试点。积极拓宽涉农企业的多元化融资渠道，鼓励涉农企业通过短期融资券等非金融企业债务融资工具融资。八是推动普惠金融综合示范区试点。批准宁波开展普惠金融综合示范区试点，选取青海、陕西宜君开展普惠金融综合示范区试点筹备工作，探索普惠金融促发展的有效路径，构建符合地方特色的普惠金融体系。九是加强金融消费者权益保护和教育。作为普惠金融重要保障的金融消费者权益保护工作取得一定成效，推动出台金融消费者权益保护方面的重要文件，建立健全金融消费权益保护工作机制，并深入开展金融知识宣传教育活动。

第三章

银行业

2015年，银行业认真贯彻落实国家宏观调控政策，改革发展取得积极进展，服务实体经济与社会发展的水平不断提升，防控风险的能力有所增强。但部分行业、领域和地区的金融风险进一步暴露，银行业面临的经营环境更为复杂，仍需深入推进改革，加大创新，全面提高风险防范和服务实体经济的能力。

一、运行状况

（一）资产负债规模保持增长，机构体系日趋完善

资产负债规模保持增长。截至年末，银行业金融机构资产总额199.35万亿元，比上年末增加27.01万亿元，增长15.7%，增速同比上升1.81个百分点；负债总额184.14万亿元，比上年末增加24.12万亿元，增长15.1%，增速同比上升1.73个百分点。其中五家大型商业银行资产占比39.21%，比上年末下降2个百分点，全国性股份制商业银行、城市商业银行、农村金融机构资产占比分别比上年末提高0.35个、0.88个和0.04个百分点（见图3–1）。

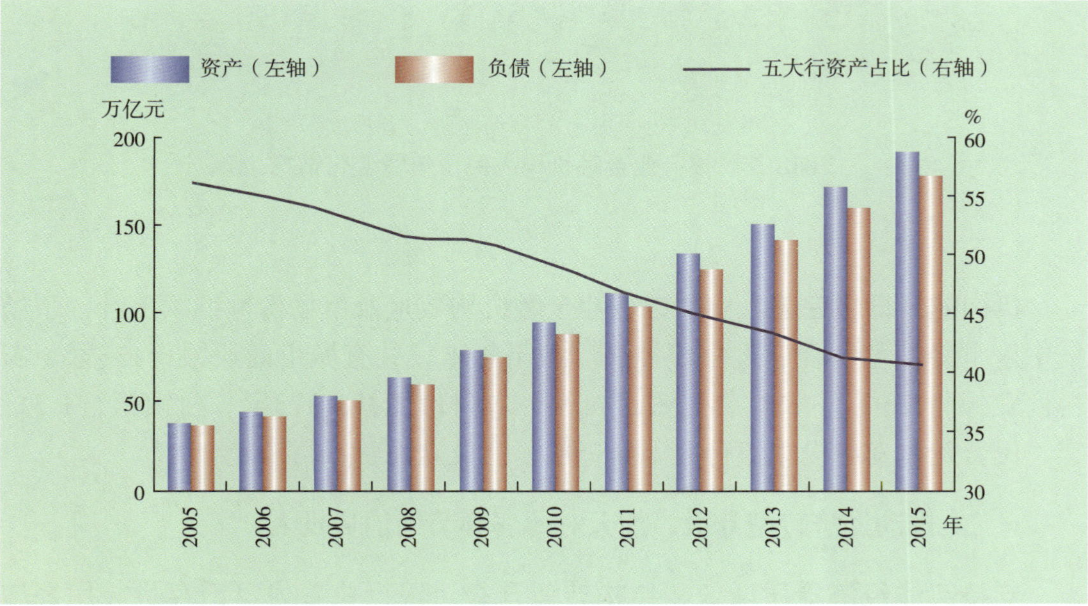

数据来源：中国银监会。

图3–1 银行业金融机构资产负债情况

存贷款增速放缓。截至年末，银行业金融机构本外币各项存款余额139.78万亿元，比上年末增加15.3万亿元，增长12.29%，增速同比下降3.97个百分点；各项贷款余额98.49万亿元，比上年末增加11.70万亿元，增长13.48%，增速同比下降0.1个百分点（见图3–2）。从期限看，人民币中长期贷款增长较快，贷款余额50.02万亿元，比上年末增加6.32万亿元，同比增长15.4%。分机构看，股份制商业银行、城市商业银行和农村金融机构贷款同比多增较多。

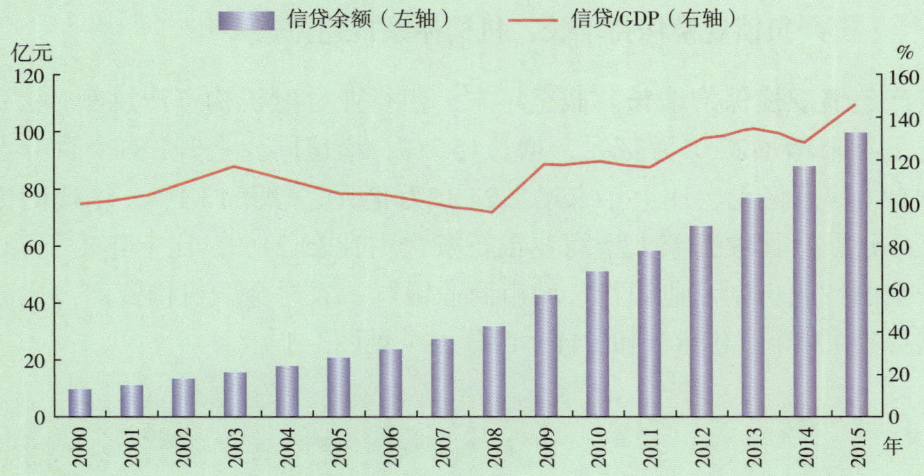

数据来源：中国人民银行和国家统计局。

图3–2 银行业金融机构人民币信贷变化情况

机构体系日趋完善。中小银行业金融机构数量及市场份额继续上升，市场集中度下降，竞争程度进一步提高。截至年末，共有城市商业银行133家、农村商业银行859家、农村合作银行71家、农村信用社1 373家、村镇银行1 311家。民营资本发起设立银行取得新进展，已成立民营银行5家。

（二）推动经济转型升级，加大对薄弱环节的信贷投入

支持实体经济提质增效和结构转型升级。银行业着力盘活存量、用好增量，更加注重结构调整。大力支持“一带一路”、企业“走出去”等国家重大发展战略，加大对小微企业的贷款力度，提升满足实体经济融资需求的能力。

做好化解产能过剩矛盾的金融服务，加大对战略性新兴产业、环境保护、养老、医疗、内贸流通等领域的支持力度。截至年末，基础设施行业、战略性新兴产业、保障性安居工程贷款同比分别增长9.4%、7.8%和58.8%；服务业中长期贷款增长14.9%，其中文化产业（文化、体育和娱乐业）增长22.0%。

加强“三农”金融支持力度。“三农”金融服务模式继续创新，涉农贷款余额稳步增长。截至年末，银行业金融机构涉农贷款余额26.4万亿元，同比增长11.7%（见图3-3）。农村金融机构资本和财务实力继续加强，公司治理不断改进，支农能力持续增强。截至年末，农村金融机构贷款余额12.51万亿元，同比增长12.91%。在全国所有省（区、市）实现金融服务空白乡镇全覆盖基础上，25个省份（含计划单列市）进一步实现机构和服务两个全覆盖。

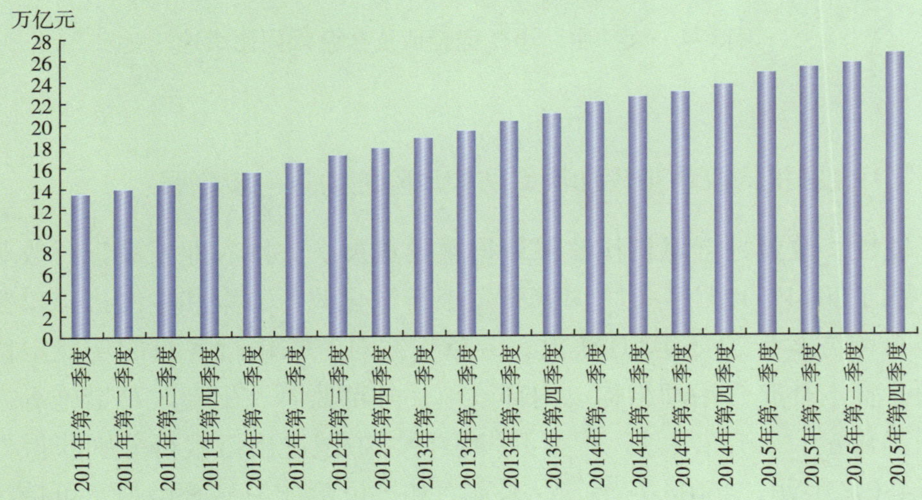

数据来源：中国人民银行。

图3-3　涉农贷款余额情况

提升小微企业金融服务水平。截至年末，小微企业贷款余额23.46万亿元，占全部企业贷款的36.55%，比上年末增长13.3%，比同期大、中型企业贷款增速分别高出1.7个和4.4个百分点（见图3-4）。2015年，新增小微企业贷款2.76万亿元，占企业新增贷款的41.2%。截至年末，全国共有小额贷款公司8 910家，贷款余额9 412亿元，对缓解小微企业融资难发挥了积极作用。

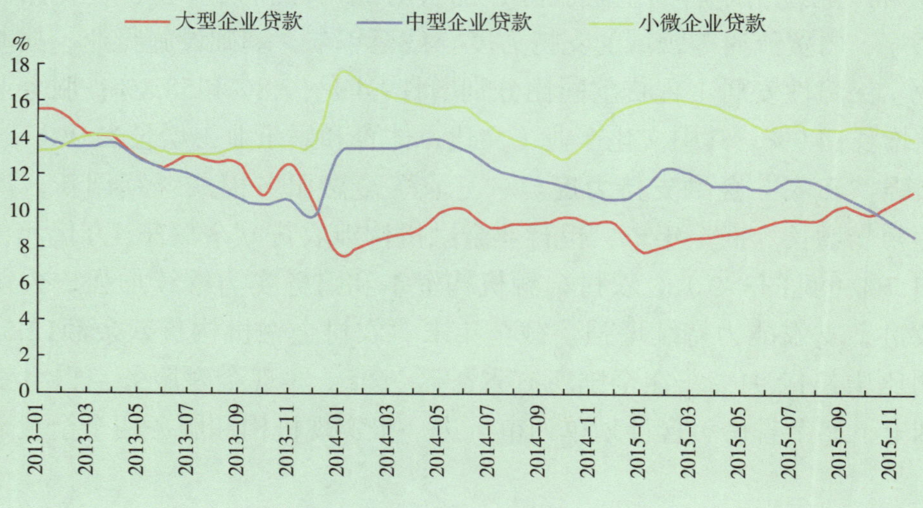

数据来源：中国人民银行。

图3-4　大、中、小微型企业贷款余额同比增速

（三）金融机构改革步伐加快，防控风险能力进一步增强

开发性、政策性金融机构改革取得重要进展。中国农业发展银行改革实施总体方案于2014年12月获批，国家开发银行深化改革方案和中国进出口银行改革实施总体方案于2015年3月获批。改革方案对三家银行各自的功能定位、业务范围、资本补充、治理结构、内部改革、外部监管、配套改革措施等方面作出了明确规定。2015年7月，国家开发银行、中国进出口银行分别获得外汇储备注资480亿美元、450亿美元，资本实力和抗风险能力显著增强，可持续发展能力进一步提升。与此同时，三家银行业务范围认定与划分、完善治理结构、修订章程等工作也在稳步推进过程中。

专栏5　开发性、政策性金融改革

国家开发银行、中国进出口银行和中国农业发展银行（以下分别简称国开行、进出口银行和农发行）自1994年成立以来，在支持“两基一支”、外贸进出口和企业“走出去”、粮棉油收储和农业农村基础设施建设等方面发挥了重要作用。但随着外部环境的发展变化，三家银行治理结构不完善、资本金不足、约束机制不健全、可持续发展能力不强等问题进一步凸显，亟须通过改革加以解决。

党中央、国务院高度重视政策性金融的改革与发展。党的十八届三中全会、2014年政府工作报告明确要求“推进政策性金融机构改革”。人民银行会同有关部门深入开展基层调研，认真研究借鉴国际经验，对三家银行改革方案进行了系统研究论证并上报国务院。三家银行改革方案的获批，标志着我国开发性、政策性金融改革取得重要进展，为经济新常态下更好地发挥其功能和作用奠定了扎实基础。

改革方案进一步明确了三家银行的功能定位和业务边界。改革方案强化了进出口银行和农发行的政策性职能定位，明确国开行的开发性金融机构定位；分别界定不同性质的业务，并实行分账管理、分类核算；建立业务范围的动态调整机制，实现政策性金融、开发性金融和商业性金融的协调发展。改革方案强调要完善治理结构和加强内部改革。三家银行要建立健全董事会战略决策、监事会依法监督、高级管理层授权经营的高效运行机制，同时需要加强内控和风险管理，确保稳健经营和发展。

改革方案的核心是建立以资本充足率为主的约束机制。资本充足率是金融机构内部约束和外部监管的核心要素。我国大型商业银行股份制改革的经验和本次国际金融危机充分表明，资本充足是对金融机构最有效的市场化约束机制，有助于促进金融机构建立有效的资源配置机制和强化风险管控意识，并防范各方面的道德风险。此外，从国际上来看，开发性、政策性金融机构的资本充足率要普遍高于商业性金融机构。2015年7月，国开行、进出口银行分别获得注资480亿美元、450亿美元，进一步健全以资本充足率为核心的市场化约束机制，有助于更好地发挥开发性金融、政策性金融的功能和作用。

改革方案还强调要加强外部监管，实行分类考核。考虑到开发性、政策性金融以服务国家战略为主，兼顾商业性目标的实际情况，实行分类考核，合理评价其经营管理水平和资金运作水平。改革方案还明确给予三家银行相应的配套支持政策，具体包括：明确政策性业务的风险补偿机制，促进财务健康可持续发展；适当对政策性业务给予税收优惠，减轻经营负担；给予债信政策支持，建立稳定的资金来源渠道等。通过改革，三家银行的资本实力和抗风险能力将得到显著增强，治理结构、约束机制和内部管理进一步健全，金融服务和可持续发展能力稳步提升，有助于更好地发挥开发性金融和政策性金融在重点领域、薄弱环节、关键时期的重要作用，为促进经济社会持续健康发展作出更大贡献。

大型商业银行改革不断深化。工商银行、农业银行、中国银行、建设银行、交通银行继续深化改革，进一步完善公司治理，积极加快转型发展，激发内生动力，不断提升经营管理效率和风险防控水平。截至年末，五家大型商业银行的资本充足率分别为 15.22%、13.40%、14.06%、15.39%和13.49%，不良贷款率分别为 1.50%、2.39%、1.43%、1.58%和1.51%，全年实现净利润分别为2 777.20亿元、1 807.74亿元、1 794.17亿元、2 288.86亿元和665.28亿元，同比分别增长0.52%、0.70%、-1.25%、-0.28%和1.03%。农业银行三农金融事业部深化改革范围扩大至全国。经国务院批准同意后，中国人民银行于4月下发《中国人民银行关于全面推开中国农业银行三农金融事业部改革的通知》，将农业银行全国范围的县域支行纳入三农金融事业部深化改革范围，推动其进一步提升“三农”和县域的金融服务水平。截至年末，农业银行全国试点省（区、市）县事业部贷款余额2.86万亿元，比上年末增加2085亿元，增长7.86%。交通银行深化改革方案于6月获得国务院批准。改革方案从优化股权结构、完善公司治理、深化内部改革并加强外部监管等方面提出若干改革举措，有助于推动交通银行切实转换经营机制，提升市场竞争力，增强服务实体经济的能力。

其他金融机构改革持续推进。8月，长城、东方资产管理公司转型改制方案获批，资产管理公司商业化转型进一步推进。12月，中国邮政储蓄银行成功引入10家境内外战略投资者，融资规模451亿元，实现了从单一股东向股权多元化的迈进。河北蠡县农村信用社改革重组工作圆满完成，有效化解区域性金融风险。

专栏6　河北蠡县农村信用社改革重组工作圆满完成

河北省蠡县农村信用社共有27家法人机构。其中，19家历史上隶属农业银行管理，一直未实现脱钩；8家由城市信用社转制而成。由于历史包袱沉重，27家农村信用社总体上处于资不抵债、经营亏损的状况，对当地的金融和社会稳定产生不利影响。2012年9月以来，经多次实地调研和深入研究论证，人民银行会同有关部门提出了蠡县农村信用社改革思路和具体实施方案并报经国务院批准同意，明确通过实施接管和托管经营、清产核资及财务重组、组建农村商业银行等步骤，彻底化解风险。2014年4月18日，对蠡县27家农村信用社正式实施接管并委托北京银行托管经营，之后相继启动清产核资、法律尽职调查、债权登记、储户存款信息实名登记、撤销信用代办站、新股招募等工作。2015年8月31日，河北蠡州北银农村商业银行股份有限公司获批开业，并于9月2日正式挂牌营业，标志着历时近3年的改革重组工作圆满结束，彻底解决了蠡县农村信用社的历史遗留问题，对于防范化解区域性金融风险、促进京津冀经济协同发展和社会稳定具有重要意义。

河北省蠡县农村信用社改革重组工作的圆满完成，为防范化解农村信用社和区域性金融风险提供了宝贵经验和有益启示。一是充分发挥地方政府在地方金融机构改革重组与风险化解工作中的作用，各政府部门和金融机构既各司其职，又密切协作，及时统一思想认识，为风险化解工作提供了强有力的保障。二是风险化解工具和手段各有优缺点，需因地制宜、统筹考虑。相比较而言，接管重组较为温和，有利于当地金融服务的延续，减少对实体经济的影响。三是充分发挥存款保险处置平台作用，完善金融机构市场化退出机制。在下一步风险化解和处置过程中，应根据《存款保险条例》的规定，通过采取早期纠正和市场化处置等多种手段，发挥存款保险机制对金融体系“优胜劣汰”的促进作用，切实强化市场约束，防范道德风险，维护金融体系稳定。

（四）国内监管有效性不断增强，深度参与国际银行业监管改革

国内监管有效性不断增强。人民银行不断完善宏观审慎管理的机制和手段，继续发挥差别准备金动态调整机制的逆周期调节和结构引导作用，督促商业银行不断提高流动性管理的主动性和科学性。银监会进一步完善商业银行杠杆率管理、流动性覆盖率信息披露等一系列监管规则，增强了银行体系应对风险的能力，监管有效性不断提升。相关监管部门分工合作，加强监测研判，支持商业银行补充资本，切实防范信用风险和流动性风险，加强对影子银行的审慎管理，不断增强监管的针对性和有效性。

深度参与国际银行业监管改革。人民银行、财政部和银监会等相关部门继续深度参与金融稳定理事会（FSB）和巴塞尔银行监管委员会（BCBS）的监管改革，稳妥推进相关标准和准则在中国的实施。全面参与FSB关于全球系统重要性银行（G–SIBs）总损失吸收能力（TLAC）的政策制定工作，充分反映新兴市场经济体诉求；继续推动国内G–SIBs成立危机管理小组、制定和更新恢复和处置计划、开展可处置性评估，加强有效处置机制建设。继续参与BCBS在商业银行信用风险、市场风险、操作风险等方面的监管改革；进一步推进落实巴塞尔协议Ⅲ，构建与国际标准接轨的银行业监管框架，引导商业银行稳步实施资本、杠杆率和流动性监管新标准，研究完善国内系统重要性银行（D–SIBs）的评估方法和监管规则。

存款保险制度平稳实施。2015年5月1日，《存款保险条例》开始施行。制度建立以来，银行业运行平稳，大、中、小银行的存款保持稳定。吸收存款的银行业金融机构全部办理了投保手续，开始归集保费，制度实施各项工作平稳推进。存款保险制度作为金融业的一项重要基础性制度安排，对完善金融安全网、加强存款人保护、推动形成市场化的金融风险防范和处置机制、建立维护金融稳定的长效机制等，都具有十分重要的意义。

二、稳健性评估

资产质量下行压力继续加大。2015年，受经济增长放缓、外部需求萎缩、企业经营困难等多重因素影响，商业银行不良贷款持续反弹。截至年末，银行业金融机构不良贷款余额1.96万亿元，不良贷款率1.94%。其中，商业银行不良贷款余额1.27万亿元，比上年末增加4 319亿元，已连续17个季度反弹；不良贷款率1.67%，比上年末增加0.43个百分点。银行业金融机构关注类贷款余额4.45万亿元，比上年末增加1.18万亿元；关注类贷款率4.69%，比上年末提高0.71个百分点（见图3–5）。银行业金融机构逾期贷款2.81万亿元，比上年末增加1.01万亿元，增长56.52%；逾期贷款在贷款余额中占比2.8%，比上年末上升0.77个百分点；逾期90天以上贷款余额与不良贷款余额比值94.63%，比上年末上升14.55个百分点。商业银行拨备覆盖率181.18%，比上年末下降50.86个百分点；贷款拨备率3.03%，比上年末提高0.13个百分点。

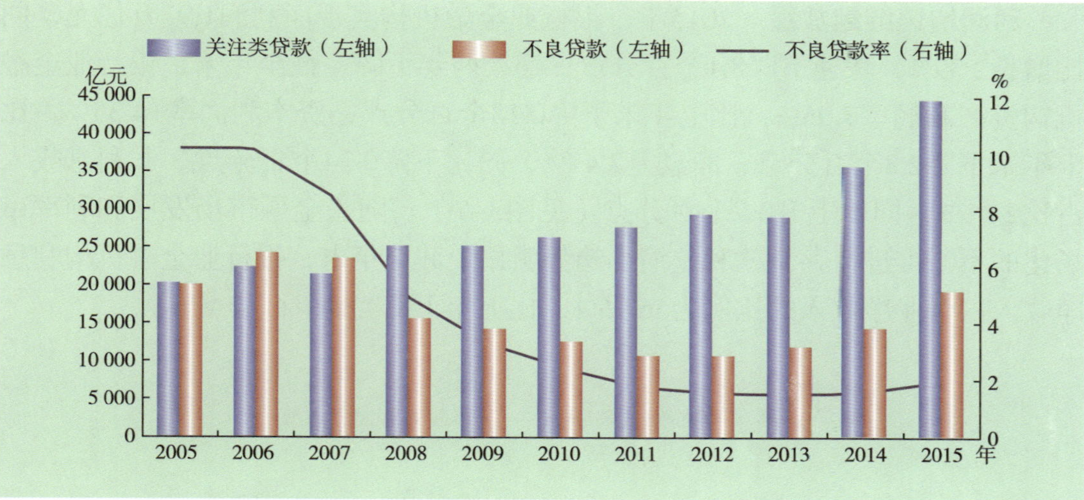

数据来源：中国银监会。

图3–5　银行业金融机构关注类贷款余额及不良贷款变化情况

资本充足率稳中有升。截至年末，商业银行资本充足率13.45%，同比上升0.27个百分点，继续保持在较高水平（见图3–6），核心一级资本充足率为10.91%，比上年末上升0.35个百分点，核心一级资本净额占资本净额的81.1%，资本质量处于较高水平。

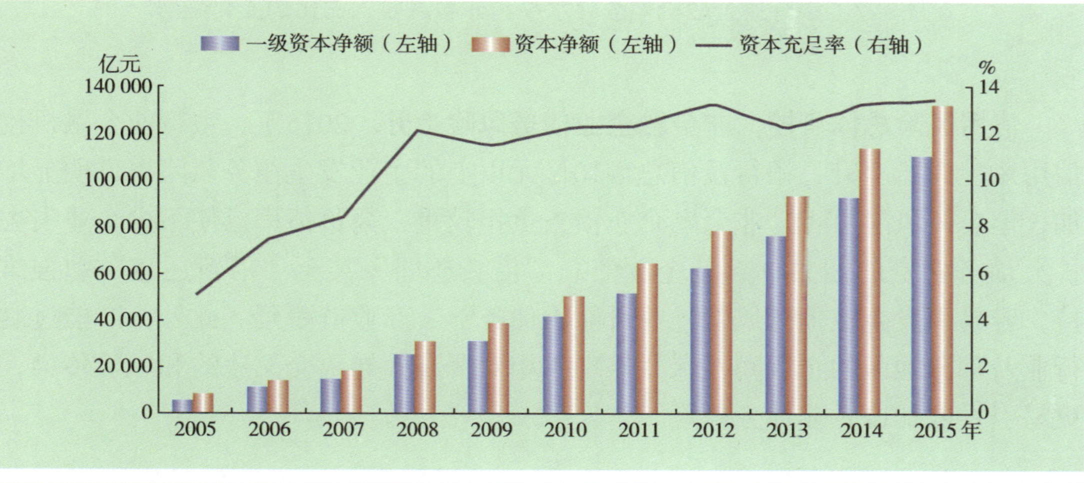

数据来源：中国银监会。

图3–6　商业银行资本充足率及资本构成①

① 从2013年开始，资本充足率按照巴塞尔协议Ⅲ规则计算。

利润增速继续放缓。2015年，银行业金融机构实现净利润1.97万亿元，同比增长2.39%，增速下降8.1个百分点，连续两年下降。截至年末，银行业金融机构资产利润率1.06%，比上年末下降0.13个百分点，资本利润率14.35%，比上年末下降2.8个百分点，净息差2.47%，同比下降0.24个百分点。非利息收入占比24.1%，同比上升3.7个百分点（见图3–7）。随着金融市场发展和利率市场化的不断推进，存贷款利差缩小趋势明显。截至年末，银行业金融机构利息净收入占营业净收入的比例为56.96%，比上年下降4.88个百分点。

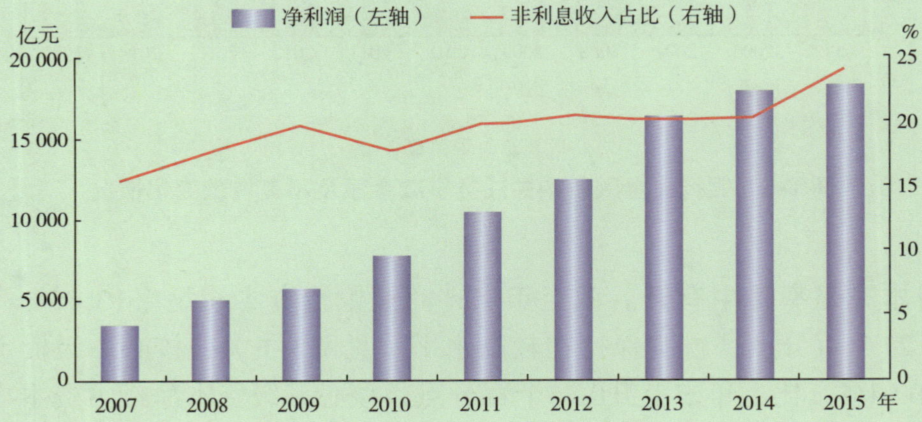

数据来源：中国银监会。

图3–7　银行业金融机构盈利水平和非利息收入占比的变化趋势

信用风险总体可控，非金融企业债务风险上升。2015年，银行业金融机构信用风险有所上升，银行授信总额10亿元以上的企业发生债务风险事件明显增加，但总体风险可控。非金融企业债务负担较重，高负债率已使不少企业失去扩大债务融资的能力，部分企业依靠"借新还旧"甚至"借新还息"勉强维持，容易引发企业债务风险，并可能沿债务链、产业链蔓延。此外，产能过剩行业及部分地区的企业间互保联保现象相对普遍，导致交叉违约和风险传染，更易引发或加剧企业债务风险。

专栏7　银行业金融机构风险传染分析：基于同业数据信息的金融网络模型

银行业金融机构风险传染是指因交易对手、关联机构、金融市场等发生波动或不利变化而对机构个体及整个银行体系造成直接或间接的负面影响。风险传导渠道既可能是由特定银行业金融机构违约风险暴露导致交易对手直接损失或金融市场资产价格剧烈波动而使得其他银行业金融机构资产负债表受损，也可能是通过市场预期渠道或非理性心理恐慌渠道快速传染至整个银行体系。我们借鉴国际上常用的金融网络模型，以我国银行间同业业务信息为基础，动态模拟了银行间的传染性风险传导路径和影响。

一、金融网络模型

基于银行间同业数据信息，可以将金融网络模型作如下设定：

网络节点为不同的银行机构，连接节点的线为银行机构间的同业资金往来。假设整个体系中有n家银行机构，它们之间的资金往来构成一个$n\times n$的矩阵M，称之为同业资金矩阵。某时点银行间同业资金矩阵M如下：

$$M=\begin{bmatrix} M_{1,1} & \cdots & M_{1,j} & \cdots & M_{1,n} \\ \vdots & & & & \vdots \\ M_{i,1} & \cdots & M_{i,j} & \cdots & M_{i,n} \\ \vdots & & & & \vdots \\ M_{n,1} & \cdots & M_{n,j} & \cdots & M_{n,n} \end{bmatrix}$$

其中，元素M_{ij}代表在某时点上银行机构i对银行机构j融出资金所形成的同业资产规模。同样，可以定义同业市场整体资产规模向量$\bar{p}=(p_1,\ldots,p_n)$如下：$p_i=\sum_{j=1}^{n}M_{ij}$，其中p_i是银行机构i对网络内所有银行机构融出资金所形成的同业资产规模。

假设体系中银行机构h突然发生同业资金违约，那么与其有同业往来的i银行的资产负债如下式：

$$a_i+(p_i-\theta M_{ih})=(k_i-\theta M_{ih})+b_i$$

其中，a_i表示银行i的其他资产，k_i表示银行i的资本净额，b_i表示银行i的负债，θ为违约损失率。如果i银行的资本金在抵补损失后低于监管规定的最低资本要求，那么可认定i银行受到传染且也将发生同业违约。如果银行h违约将导致体系中n家银行受到传染，接下来进一步考虑n家银行同时违约带来的传染效应，步骤不断重复，直至没有新的银行违约，最终可求得h银行因同业违约将风险传染给体系中其他银行机构的影响。

二、我国银行网络稳定性分析

按照上述思路，选取31家大中型商业银行之间2015年末的同业资产负债数据，测算同业双边风险敞口。31家银行包括6家大型银行（包括中国邮政储蓄银行）、12家股份制商业银行、9家城市商业银行和4家农村商业银行。我们设定了两类不同的冲击情景，轻度冲击下违约损失率θ统一设定为50%，重度冲击下违约损失率θ统一设定为100%，并根据《商业银行资本管理办法（试行）》规定非系统重要性商业银行最低资本充足率要求为9.3%，系统重要性商业银行的最低资本充足率要求为10.3%。轻度冲击下，31家银行发生传染性风险的可能性较小。重度冲击下，31家银行所构成的网络稳定性情况如下：

大型商业银行。当大型商业银行分别发出同业信用违约冲击时，平均将有1.33家银行受到传染，传导轮数仅为1轮，平均消耗资本占31家银行资本总额的比例约为3.73%。其中，有1家大型商业银行发生违约时，会引发4轮风险传导，可导致6家银行违约，消耗的资本占31家银行资本总额的比例为11.03%。从同业市场交易情况看，大型商业银行属于主要的资金融出方，对比而言，其融入的同业资金规模不足其融出规模的4成，因而发生同业信用违约时所引发的传染性风险较小，此外，由于大型商业银行资本较为充裕，其抵御传染性风险的能力一般较强。

股份制商业银行。股份制商业银行分别发出同业信用违约冲击时，平均传染到的银行机构为4.73家，风险传染平均延续2轮，平均损失的资本占31家银行资本总额比重为8.15%。其中，仅3家股份制商业银行发生同业信用违约时不会导致传染。整体而言，2015年股份制商业银行同业融资业务规模同比下降明显，资产和负债端的降幅分别为25.28%和20.00%，但其在同业市场上仍是最大的资金净融入方，一旦发生同业信用违约则传染范围较广。

城市商业银行。城市商业银行同业信用违约的影响力和传染范围有限，单家城市商业银行发出同业信用违约冲击时，平均传染到的银行机构为1.22家，传染的延续轮数仅为0.44轮，平均资本损失比例约为2.52%。城市商业银行在同业市场上属于资金净融入方，由于融入资金与融出资金的交易对手和交易金额均较分散，因而发生同业违约冲击时绝大多数城市商业银行不足以对其同业交易对手造成较大影响。

农村商业银行。农村商业银行的传染性风险较小，如分别发生同业信用违约冲击均不会引发对体系内其他银行的传染效应，平均资本损失比例仅为0.39%。

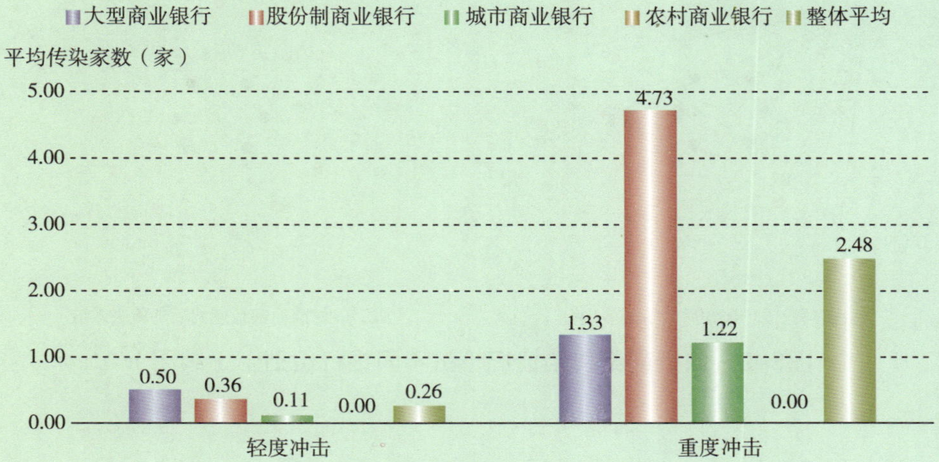

图3-8　传染性风险的分组情况

总体而言，31家银行资本充足情况均优于上一年度，抵御传染性风险的能力进一步提升，同业信用违约传导的广度和造成的损失均较上年度明显下降。绝大多数银行在轻度冲击下通过了传染性压力测试，即使在重度冲击下，通过压力测试的银行占比仍高于50%，银行体系整体传染性风险基本可控，但个别银行在极端情况下出现资本无法抵补其同业资产损失的问题值得关注。

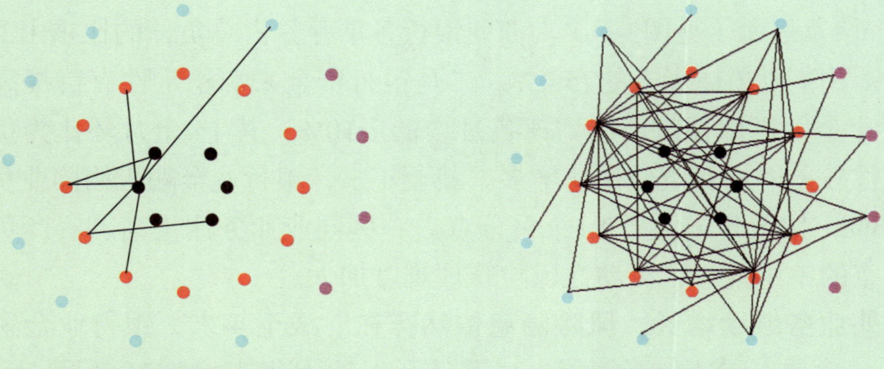

图3-9　银行网络传染情况（按不同银行组别[①]）

① 图3-9中圆点代表银行，直线代表相连的银行已受到传染，其中黑点代表大型商业银行，红点代表股份制商业银行，蓝色代表城市商业银行，紫色代表农村商业银行。

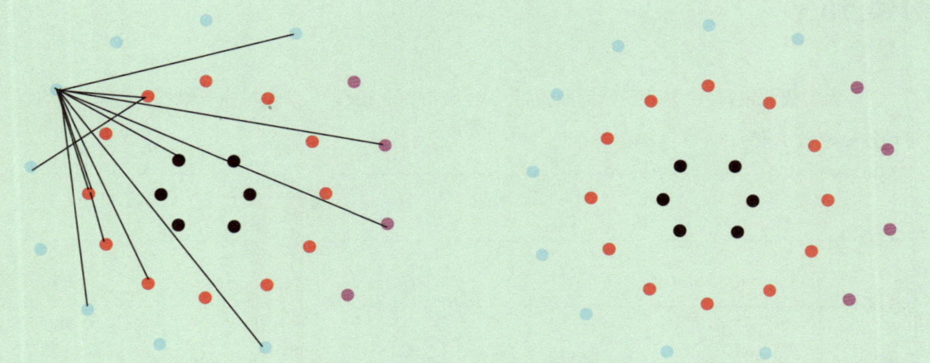

图3-9　银行网络传染情况（按不同银行组别）（续图）

房地产市场出现分化。2015年，我国房地产市场呈现区域分化特征。东部、中部、西部地区销售额同比增长分别为23.1%、12.5%和5%；部分城市房价下行预期仍然存在。截至年末，银行业金融机构房地产贷款余额20.97万亿元，占各项贷款余额的21.57%，比上年末下降0.48个百分点；房地产不良贷款余额1 042.73亿元，不良率为0.5%，部分地区房地产贷款不良率已有所上升。

流动性合理充裕，但不稳定因素较多。截至年末，商业银行流动性比例为48.01%，存贷比为67.24%，流动性整体合理充裕。但仍存在以下不稳定因素。一是存款大幅波动仍然明显。2015年，银行业金融机构存款跨季月间波幅最高超过4万亿元（见图3-8）。商业银行各项存款占总负债的比重由2006年末的87.2%下降到2015年末的75.4%。二是银行资金来源稳定性有待提高。2015年银行业金融机构存款环比增速各月均低于10%，其中4个月环比为负增长，而稳定性较差的同业负债快速增多。截至年末，银行业金融机构同业负债比重为14.48%，比上年末上升2.1个百分点。一些同业业务比重高、资产负债期限错配严重的中小银行，流动性风险管理难度加大。

表外业务继续增长，风险隐患依然存在。截至年末，银行业金融机构表外业务（含委托贷款）余额82.36万亿元，比上年末增加16.2万亿元，增长24.48%。表外资产规模相当于表内总资产规模的42.41%，比上年末提高3.07个百分点。其中，委托贷款12.38万亿元，承兑汇票10.43万亿元。商业银行表外业务管理仍然较为薄弱，表内外风险可能出现交叉传染。

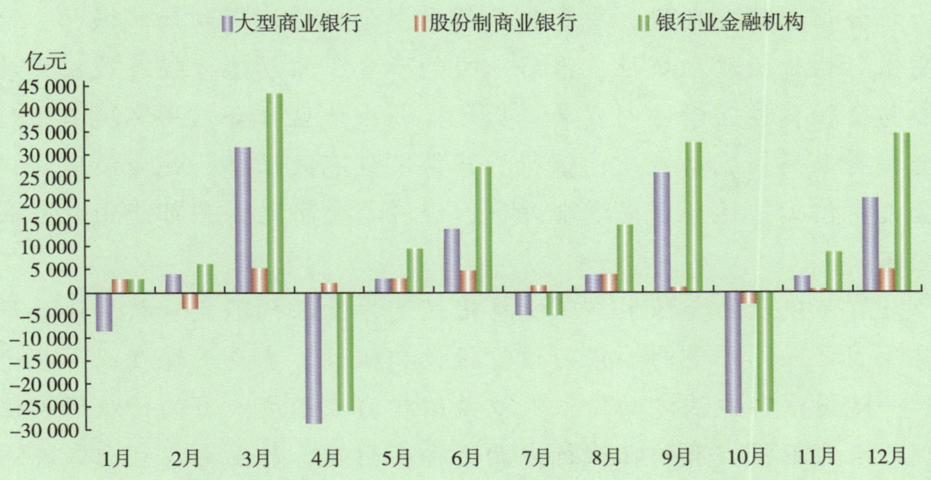

数据来源：中国人民银行、中国银监会。

图3-10　2015年银行业金融机构月度存款变化情况

民间融资及非法集资风险有所抬头。2015年，我国民间融资活动十分活跃，非法集资问题突出，存在风险向正规金融体系传导的可能性。部分民间融资组织通过互联网将产品分销到全国各地，以P2P网络借贷等互联网金融平台、财富管理公司名义变相从事信用中介业务，风险隐患不容忽视，部分平台如e租宝等已经出险。

金融案件呈上升势头，具有融资功能的非金融机构风险突出。在经济下行背景下，部分地区金融生态环境恶化，企业逃废债、内外勾结骗取银行资金等金融案件呈上升势头，扰乱了地方金融秩序。部分银行内部管理有待加强，银行承兑汇票丢失等案件时有发生。部分小额贷款公司、典当行、融资性担保公司等具有融资功能的非金融机构由于内部管理不善、外部监管不足等原因，风险多发频发。

专栏8　改善金融生态环境，提高银行信贷投放积极性

金融生态环境是指金融运行所依托的基础设施、基本制度和外部经济环境，主要包括法律法规与司法执行、会计制度、中介服务体系、社会保障体系、当地的诚信文化等。金融生态环境是影响金融支持实体经济的重要因素。一个地区拥有良好的金融生态环境，法律环境透明完

善，社会信用状况良好，中介机构健全，金融债权得到切实保护，就能提高银行信贷投放积极性，很好地吸纳资金，推动地方经济较快发展，经济与金融良性互动协同发展。反之，一个地区社会信用环境差，信贷资金损失率高、流动性差，银行资产得不到有效保护，就会使区域内外资金失去信心，还会引发资金外逃，经济与金融的关系可能由此陷入恶性循环。

当前部分地区金融生态环境恶化，是导致银行不良贷款加速反弹的重要原因之一，严重影响银行信贷投放积极性。主要表现在以下几个方面：一是司法和执法方面债权人权益维护力度不足。有的债权保护法律法规约束力不强，有的在执行方面还存在问题，甚至存在空白或漏洞，对失信行为的惩治力度较小甚至无法惩戒。二是企业间故意拖欠和逃废银行债务现象增多。一部分企业受宏观经济下行、结构调整步伐加快及企业经营管理不善等方面因素影响，现金流萎缩、利润下滑，恶意拖欠其他企业债务。一部分企业则通过新设公司等方式转移财产逃废银行债务。三是部分地方政府对银行债权保护不力。现阶段地方政府直接干预帮助企业逃废银行债务行为有所减少，但仍存在一些隐性干预行为。

加大金融对实体经济的支持力度，必须着力改善当前金融生态环境。一是要严厉打击逃废债行为，加强信用惩戒，依法保护金融债权。要完善司法机关、金融管理部门与银行的合作机制，形成工作合力。二是要加强社会信用体系和守信文化建设，加大诚信教育力度，鼓励诚信经营，依法规范市场主体行为，持续优化金融生态环境。三是要强化对地方政府行为的约束，摒弃地方保护主义，积极维护银行合法权益，保护银行金融债权。地方政府应该重视金融生态环境的改善，成为营造区域内良好金融生态环境的积极倡导者。

三、展望

2016年，银行业面临的经营环境将更为严峻复杂，提质量、增效益、防风险的任务将更为艰巨。银行业将顺应宏观经济形势的变化，坚持金融服务实体经济的本质要求，切实提升管理金融风险的能力，守住不发生系统性区域性金融风险的底线。

继续落实稳健的货币政策，有效支持实体经济发展。落实党中央、国务院有关去产能、去杠杆、去库存、降成本、补短板的各项决策部署，合理把握信贷投放，优化信贷结构，提高信贷资金使用质量和效率，更有力地支持经济转型升级。加强信贷政策与产业政策协调配合，促进工业稳增长、调结构、增效益，推动先进制造业发展和养老金融服务创新，支持重点领域和行业转型调整。做好京津冀协同发展、“一带一路”、长江经济带、国际产能合作等金融支持工作。积极发展普惠金融，加大对贫困地区的信贷投放，加大对涉农和小微企业等薄弱环节的信贷支持。

继续深化改革，增强可持续发展能力。加快落实开发性、政策性金融机构改革方案，科学建立资本约束机制，健全治理结构，完善财税扶持政策，构建符合中国特色、能更好地为经济发展服务、可持续运营的开发性和政策性金融机构。继续深化大型商业银行改革，完善公司治理，把公司治理的要求真正落实于日常经营管理和风险控制之中。推动农业银行三农金融事业部不断提高服务“三农”和县域的能力和水平。落实交通银行深化改革方案。继续推动邮储银行、资产管理公司等机构改革。实现民营银行设立常态化，扩大民间资本进入银行业的渠道和方式。持续做好存款保险制度实施各项工作，建立维护金融稳定的长效机制。

推动商业银行转变盈利模式，通过多种渠道补充资本。在利率市场化背景下，不断健全银行业内控制度，增强自主合理定价能力和风险管理水平。鼓励银行加强负债成本管理，不断提升中间业务收入占比，转变过度依靠净息差的盈利模式。推动银行通过股票和债券两个市场补充资本，进一步提升资本充足水平和质量，夯实服务实体经济和抵御风险的基础。

加强金融风险研判、排查和应对，及时化解和处置各类风险。继续加强对经济发展、产业结构调整和转型升级等方面的跟踪分析，关注实体经济存在的风险隐患，特别是产能过剩行业、房地产、地方政府性债务等领域风险。密切关注银行业金融机构资产质量和流动性变化等情况。加强对民间融资的监测力度，研判小额贷款公司、融资性担保公司、典当行和融资租赁公司等非金融机构的风险状况和发展趋势。完善风险应对预案，及时化解和妥善处置金融风险。严厉打击非法集资活动，遏制非法集资蔓延势头，做好民间融资风险事件的处置工作。

借鉴国际银行业监管改革成果，完善银行业监管标准。进一步推进落实巴塞尔协议Ⅲ，构建与国际标准接轨的银行业监管框架，引导商业银行按照既定计划稳步实施资本、杠杆率和流动性监管新标准。继续研究完善D-SIBs的评估方法和监管规则，指导我国G-SIBs制定恢复和处置计划，开展可处置性评估，不断完善有效处置机制建设。

第四章

证券期货业

2015年，证券期货业总体经营稳健，各项市场基础性制度建设进一步完善。下一步，需继续推进市场化改革，加强制度建设，提高监管效能，深化双向开放，促进证券期货业规范健康发展。

一、运行状况

（一）市场主体平稳发展

上市公司市值稳步增长。2015年末，沪、深两市共有上市公司2 827家，较上年末增加214家，其中新股发行224家，退市10家。尽管下半年沪、深两市股指大幅波动，但上市公司总市值和流通市值同比仍分别增长42.63%和32.41%，达到53.13万亿元和41.79万亿元（见图4–1）。流通市值占总市值的73.29%，较上年末下降11.43个百分点。

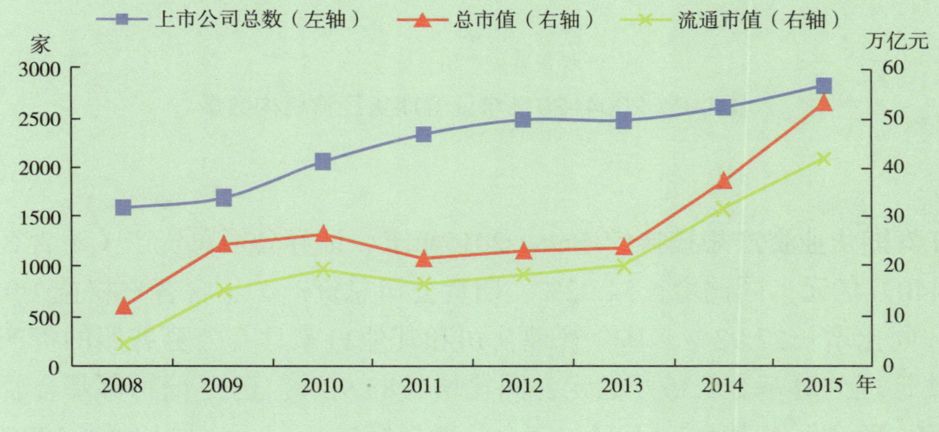

数据来源：中国证监会。

图4–1 2008–2015年上市公司数量和市值

“新三板”、区域性股权市场挂牌公司和融资数量继续扩张。2015年末，全国股转系统挂牌公司总数达5 129家，新增3 557家；总股本达到2 960亿股，同比增长3.50倍；融资1 216.17亿元，同比增长821%。37家区域性股权市场共有挂牌股份公司3 375家，展示企业4.15万家，为企业实现各类融资4 331.56亿元。

证券期货经营机构数量稳中有升。2015年末，全国共有证券公司124家，较上年末新增3家；其中上市证券公司25家，较上年末新增3家。期货公司150家，较上年末减少3家。基金管理公司101家，较上年末新增6家（见图4-2）。

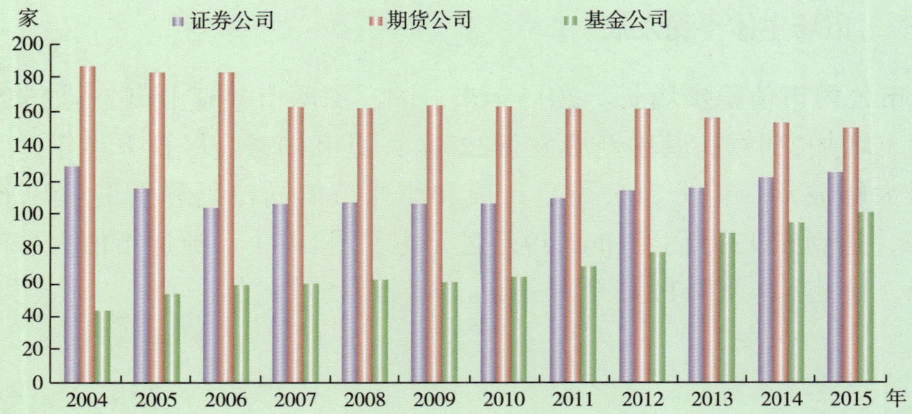

数据来源：中国证监会。

图4-2 2004-2015年证券期货经营机构数量

证券期货业资产规模持续增长。2015年末，证券公司总资产（不含客户资产）4.40万亿元，同比增长54.92%。期货公司总资产（不含客户权益）932.21亿元，同比增长27.92%。基金管理公司和其他11家具有公募牌照的资产管理机构共管理公募基金8.35万亿元，同比增长83.92%。已登记私募基金管理人2.5万家，管理私募基金2.4万只；基金认缴规模5.1万亿元，同比增长138%[①]。

证券期货经营机构创新进一步推进。证券公司继续围绕服务实体经济进行业务和产品创新，登记、支付以及融资类、托管类和产品代销类等业务创新不断发展。公募基金管理公司及公募业务牌照审批有序推进，各类公募基金服务机构统一监管逐步推进。期货公司探索期现结合方式服务于"订单农业"、"农产品目标价格保险"等新模式，期货公司风险管理子公司积极开展仓单服务、合作套保、定价服务、做市等业务，期货公司在服务实体经济和风险管理

① 证券公司、期货公司、基金管理公司2015年度有关财务数据未经审计，相关章节同。

方面功能得到有效发挥。

机构投资者力量有所增强。《基本养老保险基金投资管理办法》发布，明确养老保险基金可投资于股票、股票基金、混合基金、股票型养老金产品的比例不高于资产净值的30%，养老保险基金获准入市。截至2015年末，沪、深两市机构投资者持有的已上市流通股占A股流通市值比例达70.18%（见图4-3）。

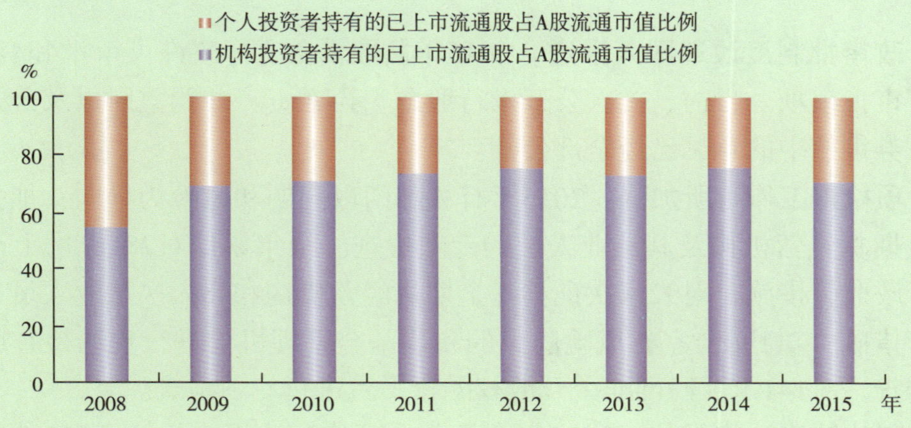

数据来源：中国证监会。

图4-3　2008-2015年机构和个人投资者持有的已上市流通股比例对比

（二）市场基础性制度建设不断深化

证券创新业务监管规则进一步完善。《证券公司融资融券业务管理办法》完成修订并发布，限定融资融券业务的合理规模上限，允许融资融券合约展期，优化融资融券客户担保物违约处置标准和方式。

公募和私募基金管理制度继续健全。《货币市场基金监督管理办法》发布，进一步完善了货币市场基金投资范围、期限及比例等监管要求，对货币市场基金流动性管理作出了系统性制度安排，对货币市场基金的互联网销售活动与信息披露提出了针对性要求，在有效控制货币市场基金各类主要风险的基础上鼓励货币市场基金创新发展。私募基金监管联席会议机制正式构建，私募基金数据统计和报送制度建立。国有股转持豁免等促进私募基金行业发展的措施不断完善，私募机构开展公募基金管理业务也获得支持。

证券期货及衍生品市场产品创新有序开展。基金产品创新有序推进，首只商品期货基金和房地产证券投资基金注册审查工作完成。公募基金产品注册制进一步落实，全年共完成1 297只产品注册。《股票期权交易试点管理办法》发布，明确了股票期权业务的交易场所和结算机构、从业资格、投资者保护和风控措施等制度安排。上证50ETF期权交易试点启动，10年期国债期货以及上证50、中证500股指期货交易平稳推出，锡和镍期货品种上市，原油期货上市各项准备工作继续推进。

（三）监管力度有所加大

行政审批制度改革深入推进。2015年共取消 8项行政许可审批和4项非行政许可审批事项。目前，首次公开发行股票、再融资、并购重组以及公开发行公司债券审核中的意见已经全部公开。

专项检查工作有所加强。2015年有关部门以问题和风险为导向，加强对证券基金期货经营机构及其从业人员的专项检查。全年累计对281家次上市公司采取行政监管措施，对92家次证券基金期货经营机构和48人次从业人员采取行政监管措施，对190余家有风险隐患的私募基金管理机构进行现场检查或非法集资排查，对141家互联网非公开股权融资平台进行专项检查。

稽查执法进一步强化。2015年全年共受理违法违规有效线索723件，同比增长6.64%；新增立案调查345件，同比增长68.29%。移交处罚审理案件273件，对767个机构和个人作出行政处罚决定或行政处罚事先告知，同比增长超过100%，涉及罚没款金额逾54亿元，超过此前十年罚没款总和的1.5倍。

证券期货监管合作平稳运行。根据人民银行同证监会签订的《关于加强证券期货监管合作共同维护金融稳定的备忘录》，双方保持沟通，在共同打击证券期货违法违规活动、清理整顿各类交易场所、监测金融风险、保护投资者权益、处置突发风险事件等方面继续开展合作。

（四）资本市场双向开放继续推进

境外上市审批制度改革深入推进，境内企业可以优先股、可转债等创新方式在境外融资。全年共计69家境内企业境外首发和再融资申请被依法核准，同比增长82%，融资额454亿美元，同比增长23%。《香港互认基金管理暂行规定》发布，内地与香港基金产品实现互认，首批4只内地互认基金和3只香港互认基金注册顺利完成。合格境外机构投资者（QFII）资格审批稳步推进，人民币合格境外机构投资者（RQFII）试点机构范围扩大至16个国家和地区，总投资额度超过1万亿元。

二、稳健性评估

（一）部分上市公司经营压力持续增大，潜在风险值得关注

截至2016年4月30日，2 862家上市公司全部披露了年报，其中，亏损家数336家，占比11.7%，首次亏损274家、持续亏损62家。亏损公司集中于“化学原料和化学制品制造业”、“计算机、通信和其他电子设备制造业”、“专用设备制造业”及“黑色金属冶炼和压延加工业”等行业，其中，前两个行业也是2014年亏损公司较为集中的行业。

2015年，国内经济下行压力持续加大，上市公司盈利水平整体不高。下一步，随着国内外经济形势更加复杂，经济转型升级不断深入，个别上市公司经营压力可能持续增大，上市公司退市风险可能逐步显现，潜在的社会风险和金融风险值得关注。

（二）证券公司整体运营相对稳健，盈利水平继续上升

2015年，证券公司经营相对稳健，风险仍然可控。截至年末，证券公司资产总额6.42万亿元，同比增长59.07%。净资产总额1.45万亿元，净资本总额1.25万亿元，同比分别增长60.45%和88.44%（见图4-4），增速连续两年出现较大幅度增长。全行业平均来看，单家证券公司净资本与各项业务风险资本准备之和的比率为708.84%，较上年末上升162.54个百分点；负债与净资本的比率为396.51%，较上年末下降74.39个百分点。

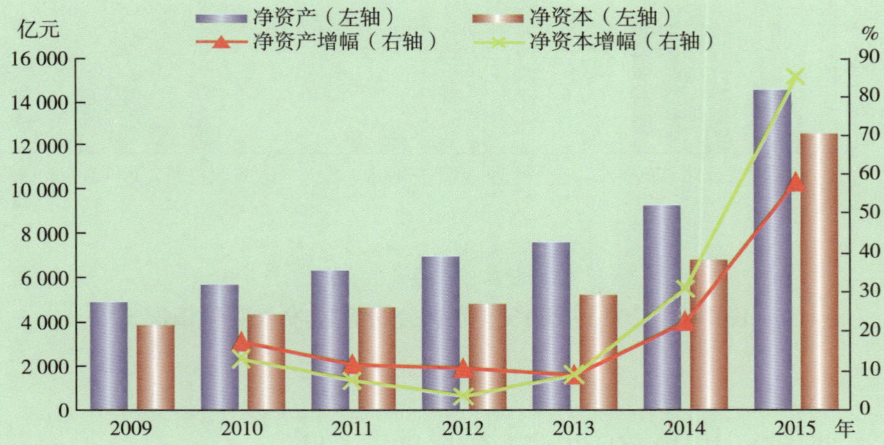

数据来源：中国证监会。

图4-4　2009-2015年证券公司净资产和净资本变化情况

受上半年业务扩张较为迅速等因素影响，证券公司盈利水平总体大幅上升。2015年全行业实现营业收入5 751.55亿元，同比增长125.22%。其中，手续费及佣金净收入3 617.98亿元，同比增长138.68%；自营业务收入（含投资收益和公允价值变动收益）1 505.40亿元，同比增长100.36%；利息净收入591.25亿元，同比增长114.33%（见图4–5）。全年实现净利润2 447.63亿元，同比增长158.05%。从收入构成看，手续费及佣金收入仍是证券公司主要的收入来源，所占比重由上年的59.33%上升至62.90%。

2015年，受股市波动影响，以融资融券、股票质押式回购业务为代表的证券公司类信贷业务受到明显影响。截至年末，证券公司融资融券余额11 742.67亿元，其中融资余额11 713.07亿元，较2015年6月18日历史峰值分别减少48.34%和48.32%。证券公司类信贷业务主要靠质押的保证金和股票来控制风险，但在股市大幅波动的情况下，部分证券公司面临质押物价值大幅下降、质押物无法及时变现等问题。应进一步加强逆周期宏观审慎管理，构建更为成熟有效的证券公司风控体系，提高证券公司在极端市场情况下应对信用风险、市场风险和流动性风险的能力。

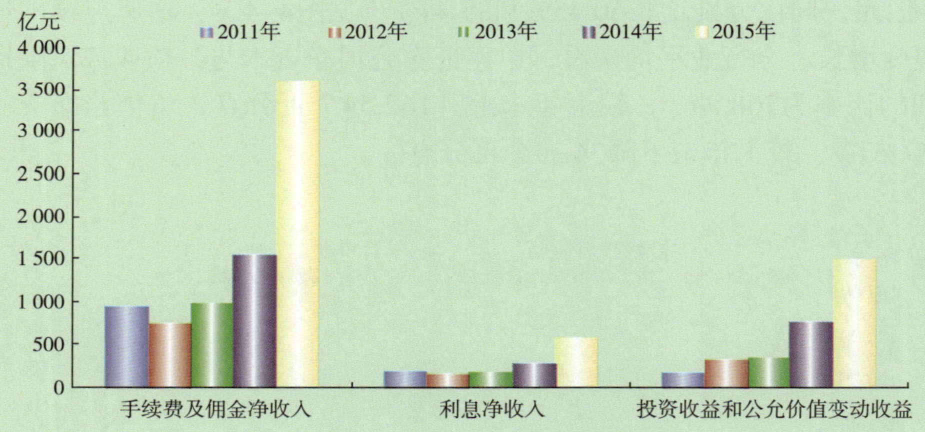

数据来源：中国证监会。

图4–5　2011–2015年证券公司各项收入变化情况

（三）期货公司规模有所扩张，发展仍显不足

截至2015年末，期货公司净资产和净资本分别为782.94亿元和600.38亿元，同比分别增长26.08%和25.82%。代理的客户保证金总额3 784.11亿元，同

比增长39.40%。净资本与客户权益总额的比率为15.87%，较上年末下降1.71个百分点。全年实现营业收入244.64亿元，同比增长28.79%；净利润60.53亿元，同比增长48.14%（见图4-6）。

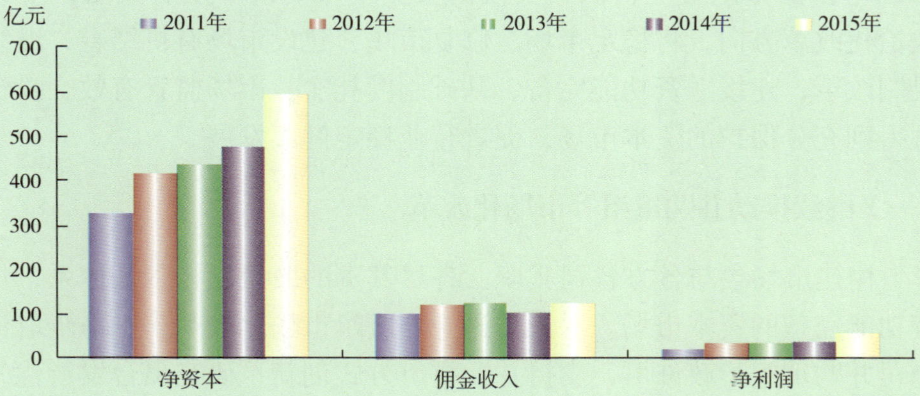

数据来源：中国证监会。

图4-6　2011-2015年期货公司主要指标变化情况

整体来看，期货公司发展与其他证券业金融机构相比仍然较慢，其业务收入主要来源为佣金收入和客户保证金利息收入，全年分别为123.33亿元、95.99亿元，在营业收入中占比分别为50.41%和39.24%，业务模式相对单一的问题仍然存在。

（四）基金业资产管理净值持续增长，私募基金发展有待规范

截至2015年末，公募基金净值8.35万亿元，同比增长83.92%。其中，股票型基金占比8.40%，较上年末下降20.56个百分点；混合型基金占比27.36%，较上年末上升14.08个百分点；债券型基金占比8.43%，较上年末上升0.76个百分点；货币市场基金占比54.85%，较上年末上升8.86个百分点。2015年私募基金认缴规模5.1万亿元，同比增长138%。

近年来，私募基金发展较快，作为财富管理行业的新生力量，对促进资本市场多层次发展发挥了一定积极作用。但在快速发展的过程中，私募基金也陆续暴露出一些问题，主要表现在：变相公开募集，突破合格投资者标准；违规运作，存在利益输送，侵害投资者权益；内部管理和风控制度不健全，部分机构借协会登记备案增信从事P2P、民间借贷等业务；登记备案信息不完整、不

真实、不准确，部分机构合规意识薄弱、逃避监管等。

三、展望

2016年，证券期货业将认真贯彻落实资本市场改革发展战略，坚持市场化、法治化改革方向，将稳定市场、修复市场、建设市场有机结合，继续深化体制机制改革，建设融资功能完备、基础制度扎实、市场监管有效、投资者合法权益得到充分保护的资本市场，促进行业稳定健康发展。

（一）继续推动并购重组等市场化改革

着力构建市场参与各方各司其职、各尽其责的股票发行责任体系，加快形成融资功能完备的资本市场。深入推进并购重组市场化改革，进一步取消简化上市公司并购重组行政许可，支持并购重组方式创新，研究出台发行优先股、定向发行可转换债券等作为并购重组支付方式的实施细则，支持上市公司特别是国有控股上市公司通过资产注入、引入战略投资者、吸收合并、整体上市等多种方式做优做强，更好地支持经济结构转型和产业升级。

（二）健全资本市场交易制度规则

规范杠杆融资，进一步完善证券公司融资融券业务逆周期宏观审慎管理制度，促进融资和融券业务均衡发展，严格限制杠杆比例过高的股票融资类结构化产品。严格程序化交易管理，细化程序化交易系统接入规定，完善证券基金期货经营机构采用程序化交易的监管要求，维护公平交易环境。强化期货市场交易管理，加强实控关系账户管理和异常交易监管，规范发展股指期货市场交易。促进资产管理业务规范发展。加强多层次资本市场之间跨市场交易行为的统一识别和监控。

专栏9　加强高频交易监管

2015年股市大幅下跌过程中，高频交易和程序化交易受到争议。有必要厘清对市场交易频率的认识，借鉴境外高频交易监管经验，进一步加强对高频交易的监管。

一、高频交易含义及现状

高频交易属于特殊的程序化交易。程序化交易指依托计算机为技术工具，按照既定程序，高速、大规模自动执行的交易，只要程序化交易的频率超过一定程度，就成为了高频交易。当前我国证券期货市场已存在程序化交易和高频交易。虽然股票市场T+1的交易制度限制了交易频率，但投资者仍可通过当日归还融券变相实现高频交易。

高频交易者通过频繁报单、撤单，向市场释放虚假的交易信号，程序化交易的自动触发机制又可能强化交易行为的趋同性，加剧股市波动。此外，自动化的交易程序一旦出现技术问题，可能生成"错单"，进而干扰市场正常运行，甚至引发风险。2013年8月16日发生的"光大乌龙指"事件就是由于光大证券的ETF套利系统异常造成的。

通常来讲，宏观经济和上市公司基本面的变化频率不高，投资者对证券估值也相对较为稳定，因此二级市场向投资者提供的可交易频率也存在一个相对适宜的区间。当二级市场交易频率过快时，就有可能导致金融交易脱离实体经济变化，被用于金融投机，最终形成证券市场剧烈波动。

二、高频交易监管的国际经验

美国和欧洲等国家和地区虽允许相关机构从事高频交易，但也采取措施加强对高频交易的监管，限制其过度频繁的交易可能对市场造成的不利冲击。

美国方面，一是加强了对高频交易行为的信息收集和日常监测。对高频交易者分配专门的识别代码，要求经纪商在交易发生后次日，将交易记录上报美国证监会。二是建立了市场信息数据分析系统，以监测发现小规模的"闪电崩溃"，确定潜在的非法行为。三是针对高频交易行为可能对市场扰动建立了相应的过滤机制，如对过度指令进行收费等。四是建立应急处理机制，包括异常交易的熔断机制、错单取消机制等。五是为维护市场公平对特定高频交易行为进行限制，包括禁止闪电指令，提供公平的主机代管服务等。

欧洲方面，欧洲议会于2014年3月通过了《金融工具市场指令Ⅱ》，要求高频交易公司从事自营交易要经过监管部门的审批，使用做市策略的高频交易公司要与交易所签订协议，交易所要规定指令成交比例的上限，单只证券价格需设置最小报价单位，交易所需建立定价调控机制，并对过度发送无效指令的行为进行惩罚。德国联邦金融管理局于

2012年9月出台了全球第一部专门针对高频交易的监管草案（Act for the Prevention of Risks and the Abuse of High Frequency Trading），将高频交易商纳入监管对象，对高频交易商的风险控制系统提出“能够应对极端交易量、没有错误指令的传输和不得干扰市场的正常运行”三方面的要求，界定了高频交易中的市场操纵行为，要求交易场所需要建立市场价格急剧波动的预防机制。

三、加强高频交易监管的建议

可借鉴国际经验，在控制好风险的基础上，进一步加强对高频交易的监管。

一是建立立体式的高频交易风险防线。第一道防线是高频交易商的风险内控机制，主要控制交易的规模和频率。第二道防线是交易所的风险控制，包括控制下单的规模和频率，根据市场波动水平设定中止高频交易的节点，完善准入机制、容量、指令成交比例等限制。第三道防线是清算会员，主要检查是否有风险和需要暂停交易。第四道风险防线是指中央对手方管理，其需要结合自身的数据评估好高频交易的潜在风险。

二是审慎对待A股市场T+0交易。目前，我国资本市场制度建设尚不完备，各类机构投资者的风控体系尚显薄弱，中小投资者的非理性行为依然突出，在相关环境没有根本性改变的情况下，贸然恢复股票T+0交易不仅无助于提高市场效率，还可能助长高频交易，加剧金融投机氛围，诱发系统性金融风险。

（三）提高监管有效性

大力加强监管，严格执行监管规则，严厉打击操纵市场、内幕交易、欺诈发行等违法违规行为。推进资本市场诚信建设，建立健全上市公司信息披露制度规则体系，落实多部门联合惩戒机制。继续加强投资者保护，加强对投资者适当性管理和开户审查的监管，引导投资者树立理性投资理念。强化资本市场系统性金融风险监测和评估的整体理念，逐步构建统一高效的信息共享和协调机制，提高系统性风险的防控和处置能力。

（四）促进证券期货业市场主体合规发展

大力发展机构投资者，进一步放开公募、私募基金的审批门槛，放宽机构投资者入市比例，继续推动商业银行投资设立基金管理公司，改善投资者结构，增强市场稳健性。持续引导长期资金入市，对接实体经济融资需求。鼓励证券基金期货经营机构围绕服务实体经济宗旨和资本市场中介服务的基本定位进行创新，强化风险防控。研究建立公募基金流动性风险综合防控机制，完善基金子公司分类监管与风险控制指标体系。促进私募基金依法诚信运作，强化诚信约束，强化行业自律，严惩违法违规。

（五）扩大资本市场双向开放

进一步拓宽境内企业境外上市融资渠道，研究解决H股“全流通”问题。完善QFII、RQFII制度，逐步放宽投资额度，推动A股纳入国际指数，引导境外主权财富基金、养老金、被动指数基金等长期资金加大境内投资力度。启动深港通，完善沪港通，研究沪伦通。推进自贸区金融开放创新试点。推动港资、澳资机构在境内设立合资证券、基金经营机构。支持证券基金期货经营机构境外子公司的发展。深入推进内地与香港基金互认，稳步推进香港互认基金在内地注册。

第五章

保险业

2015年，保险业总体运行平稳，改革深入推进，资产规模不断扩大，经营效益稳步提升，对社会经济发展的支持作用增强。当前国内外经济金融形势复杂多变，保险业发展面临新挑战。下一步将围绕供给侧结构性改革，提高保险供给质量，深化改革创新，防范化解风险，实现行业持续健康发展。

一、运行状况

（一）资产规模不断扩大，保费收入快速增长

截至2015年末，保险业总资产12.4万亿元，同比增长21.7%（见图5–1）。其中，财产险公司总资产1.8万亿元，同比增长31.4%；人身险公司总资产9.9万亿元，同比增长20.4%；再保险公司总资产（含中再集团本级）5 410亿元，同比增长45.8%；资产管理公司总资产352亿元，同比增长46.4%。全年实现保费收入2.4万亿元，同比增长20%，以保费收入衡量，我国成为全球第三大保险市场。其中，财产险保费收入7 995亿元，同比增长11.0%；寿险保费收入1.3万亿元，同比增长21.5%；健康险保费收入2 410亿元，同比增长51.9%；意外险保费收入636亿元，同比增长17.1%。

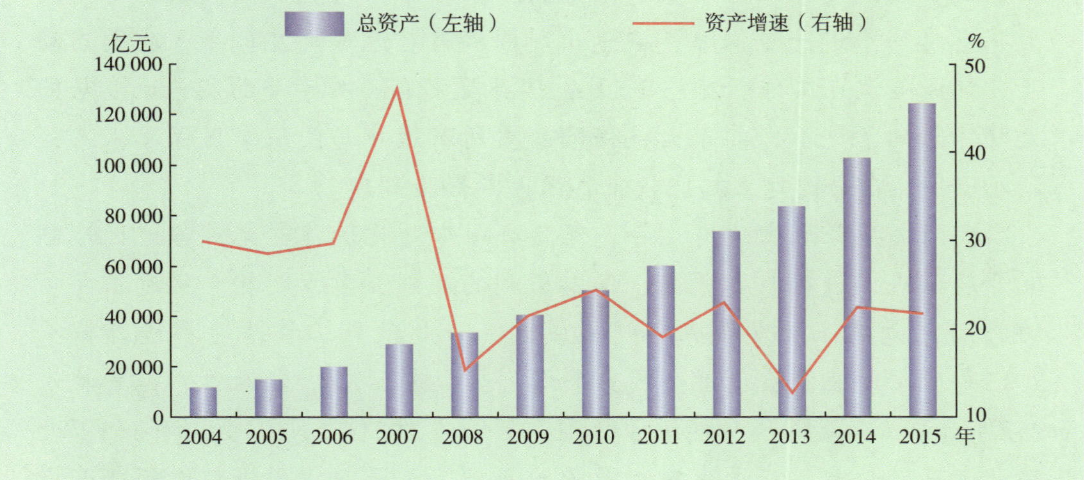

数据来源：中国保监会。

图5–1　保险业总资产及增速

（二）重点业务领域加快发展，服务社会民生能力增强

保险业积极参与社会保障体系建设，城乡居民大病保险实现31个省（区、市）全覆盖，兜底保障作用明显，大病患者医疗报销比例普遍提高了10–15个百分点，因病致贫、因病返贫现象得到一定缓解。企业年金业务不断拓展，受托管理资产4 169亿元，投资管理资产4 861亿元。商业健康保险个人所得税优惠政策正式出台，于2016年起在全国31个城市启动试点，个人购买符合条件的商业健康保险产品的支出，可按照2 400元/年的限额标准在计算个人所得税前据实扣除。责任保险相关品种不断增多，覆盖面扩大，医疗、环境污染和食品安全等领域的责任保险取得快速发展，保费收入302亿元，同比增长19.17%，提供风险保障91万亿元，同比增长36.8%。巨灾保险取得突破，《建立城乡居民住宅地震巨灾保险制度实施方案》经国务院原则同意实施，中国城乡居民住宅地震巨灾保险共同体成立，云南、四川等地开展巨灾保险试点，我国首只巨灾债券在国际成功发行。

专栏10　完善城乡居民大病保险制度

城乡居民大病保险在基本医疗保障基础上，对发生高额医疗费用的大病患者给予进一步保障，避免出现因病致贫返贫。2012年，我国启动了大病保险试点工作。2015年8月，国务院发布《关于全面实施城乡居民大病保险的意见》，要求大病保险覆盖所有城乡居民基本医保参保人，到2017年，在全国建立起比较完善的大病保险制度。

我国大病保险由政府主导，保险公司专业化运作，允许各地因地制宜开展试点，遵循收支平衡、保本微利的原则，盈亏共担。经过三年多的时间，大病保险发展取得明显成效：一是试点工作快速推进。截至2015年底，大病保险覆盖全国31个省（区、市）、9.2亿人口，保费收入252.4亿元。二是保障功能逐步体现。赔付支出214亿元，全国有345万大病患者直接受益，在没有增加缴费的基础上，医疗费用报销比例普遍提高了10–15个百分点。三是助力政府职能转变。保险公司在承办大病保险的过程中，不但自身获得了业务发展，还在有效管控医疗费用、深化医保制度改革、提高服务效率等方面发挥了一定作用。

同时，大病保险运行过程中也存在一些问题。一是统筹层次和筹资标准低，只有少数地区实现省级统筹，大部分地区是地市级和县级统筹，筹资渠道全部来源于基本医保基金的累计结余。二是经营成本高，风险调节机制尚不完善，实现“保本微利”比较困难。三是政府部门、医院和保险公司之间信息共享程度偏低，保险公司在精算、风险管理、机构网络等方面的专业优势未得到充分发挥，服务水平和质量也有待提高。四是居民对大病保险的社会认知程度不高。

下一步，要继续完善大病保险制度，实现可持续发展。一是划分好政府与市场边界，科学制定基本政策，健全风险分担机制，调动市场主体积极性。二是建立多渠道筹资机制，在坚持地市级统筹起步的基础上，鼓励有条件的省（区、市）积极探索省级统筹。三是在确保医保信息数据安全的前提下，加强信息共享，促进保险公司更好地发挥专业优势，加强人才队伍建设，提高管理和服务能力。四是有效整合相关部门的资源，形成监管合力，强化监督管理，规范医疗服务行为。五是建立长效宣传机制，提升全民对大病保险政策的理解和认识，提高参保积极性。

（三）保障功能和长期投资优势发挥，支持实体经济发展

保险业为全社会提供风险保障1 718万亿元，同比增长54.2%，赔款与给付8 674亿元，同比增长20.2%（见图5–2）。农业保险保费收入375亿元，参保农户约2.3亿户次，提供风险保障近2万亿元。农产品价格保险试点扩展到26个省份，承保农作物增加到18种。农房保险覆盖全国所有省市，提供风险保障1.4万亿元。贷款保证保险支持小微企业及个人获得融资金额1 015.6亿元，短期出口信用保险为6.3万家出口企业提供了近3 900亿美元的风险保障。建立首台（套）重大技术装备保险补偿机制，为我国装备制造企业提供风险保障。同时，保险业继续发挥长期投资优势，累计发起设立各类债权、股权和项目资产支持计划499项，合计备案注册规模1.3万亿元，为国家重大工程建设、棚户区改造、城镇化等提供资金支持。中国保险投资基金获批，总规模3 000亿元，围绕国家产业政策和发展战略，初期1 000亿元重大项目已基本落实。

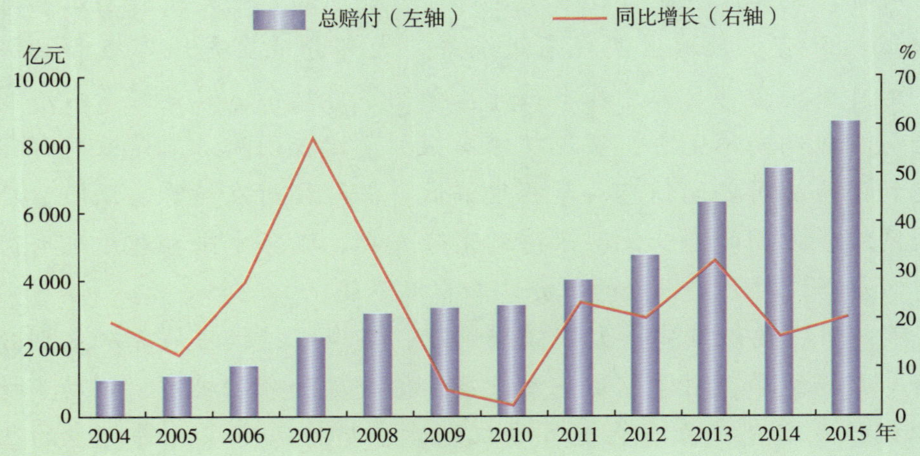

数据来源：中国保监会。

图5-2 保险业总赔付及增速

（四）市场化改革持续深化，行业发展空间进一步拓展

稳步推进保险费率市场化改革，启动万能型和分红型人身保险费率改革和商业车险费率改革试点。深化保险资金运用市场化改革，提高投资蓝筹股票监管比例，拓展保险资金境外投资范围，推进股债结合、资产支持计划、保险私募基金等产品发展，探索建立保险资产交易机制。规范互联网保险发展，批准筹建3家互联网保险公司，鼓励互联网保险产品创新。加快建设上海保险交易所，为保险业提供市场化的交易平台。探索发展相互保险等新型保险组织。

专栏11 保险费率市场化改革持续推进

1999年，为防范利差损风险，保险监管部门规定人身险保单预定利率上限为2.5%，这一政策在引导保险公司理性经营、防范风险方面发挥了积极作用，但也抑制了消费者的保险需求。2013年，保险监管部门开始推进人身险费率市场化改革，确定“普通型、万能型、分红型人身险”三步走的改革路线图。2013年8月，发布《关于普通型人身保险费率政策改革有关事项的通知》，允许保险公司根据市场供求关系自主确定产品预定利率，不再执行2.5%的上限，责任准备金评估利率不得高于保单预定利率和3.5%的较小者；2015年2月，发布《关于万能型人身保险费率政策改革有关事项的通知》，取消万能险最低保证利率2.5%的限制，将万能险责任准备金评估利率上限由2.5%提至3.5%；2015年9月，发布《关于推进分红型人身保险费率政策改革有关事项的通知》，放开分红险预定利率2.5%的上限，要求在计提责任准备金时，评估利率取保单预定利率与3%的较小者。

为建立健全商业车险条款费率形成机制，2015年3月，保险监管部门发布《深化商业车险条款费率管理制度改革试点工作方案》，启动黑龙江、山东等6个地区的商业车险费改试点，2016年1月1日又将试点范围进一步扩大至18个地区。改革方案建立行业基准纯风险保费的形成和调整机制，允许保险公司根据自身情况测算附加费用率和费率调整系数，扩大其定价自主权。

费率市场化改革取得了明显效果。改革实施后，普通型人身险产品价格下降20%左右，万能型、分红型人身险产品价格下降15%左右。2015年，人身险规模保费增长43.1%。商业车险首批改革试点地区的车均保费较改革前下降7.7%，保险公司车险综合成本率下降2.7个百分点。与此同时，条款费率市场化改革也增加了保险公司经营压力，对保险公司产品设计和定价、资金运用水平、资产负债管理和风险防范能力提出了更高要求。

（五）监管体系继续完善，风险防范不断强化

强化偿付能力监管，中国风险导向的偿付能力体系（以下简称“偿二代”）在2015年初正式发布并开展了试运行， 2016年起正式实施。拓宽资本补充渠道，允许保险公司在银行间市场发行资本补充债券。加强保险资金运用监管，发布保险资金运用内部控制指引，规范保险公司关联交易行为和举牌上市公司股票的信息披露行为，建立保险公司资产配置审慎性监管制度，实现资产负债管理由软约束向硬约束转变。加强公司治理监管，制定保险法人机构公司治理评价体系，规范保险机构内部审计工作。在全行业开展风险排查和压力测试，加大对偿付能力不足、退保和满期给付、资金运用风险和风险跨境传递等重点领域的预警监测和防范化解。加强风险处置，完善保险业非法集资风险防控体系和工作机制；保险保障基金成功溢价转让持有的中华保险股份。

二、稳健性评估

（一）高风险资产配置上升，资金运用收益大幅增长

2015年保险资金配置变化明显，定期存款和债券投资占资金运用余额的比率分别下降6.0个和3.7个百分点，而证券投资基金、股票（股权）、其他投资（主要是另类投资）占比分别增长2.9个、2.4个和3.9个百分点。全年资金运用收益7 804亿元，同比增长45.6%，平均收益率7.56%，是2008年国际金融危机以来最高水平，其中对上市公司股票的投资对提升资金运用收益率的贡献最大。值得注意的是，当前国内经济下行压力较大，信用风险、市场风险上升，保险资金调低存款和债券等低风险资产的配置，转而增加权益类和另类投资等高风险资产，潜在风险不容忽视。

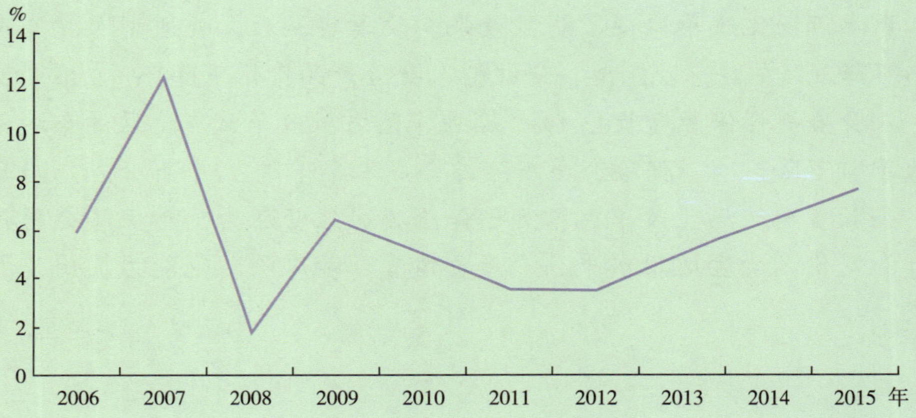

数据来源：中国保监会。

图5-3 保险资金运用平均收益率

专栏12 保险资金运用面临挑战

在当前宏观经济和金融市场环境下，保险资金运用面临多重挑战。

一是低利率环境。2015年，我国保险业新增资产2.3万亿元，同时，还有大量银行存款和债券投资持有到期，新增投资和再投资的资产规模巨大，当前市场利率持续下行，固定收益类资产又占保险资金配置的

50%以上，随着存量高收益资产不断被替换为低收益资产，保险资金运用收益可能受到不利影响。

二是信用风险上升。保险机构是债券市场的主要投资者，随着债券收益率下滑，保险机构风险偏好上升，加大了对公司信用类债券的投资，而许多公司信用类债券的发行主体都来自传统产业，受经济下行和结构调整的影响，这些发行主体的信用风险增加，陆续出现一些违约事件，保险资金可能遭受损失。

三是市场风险加大。部分中小保险机构大量投资权益类资产，举牌多家上市公司。2015年股票市场波动明显，对这些机构的稳健性产生了不利影响。此外，债券市场的波动性也有所上升，股票和债券投资面临的市场风险也在增加。

四是优质另类投资项目不足。在去产能、去杠杆、去库存的压力下，企业投资意愿不强。此外，随着公司债和企业债发行条件的放宽以及银行存贷比的放开，企业有限的融资需求又可以通过更低成本的债券和银行贷款等渠道解决，导致符合保险机构投资标准的另类投资项目减少。

五是保险机构资金运用能力有待提升。近年来，保险资金运用市场化改革快速推进，投资渠道大幅拓宽，保险资金的投资领域更广、专业性更强。但许多保险机构还缺少既懂投资管理又熟悉投资项目的专业人才，在机构部门设置、投资风险管理、人才激励等方面也有待改进。

保险业需要提升资金运用管理水平，在深化市场化改革的同时，加强资产负债匹配管理，完善监管体系建设，防范资金运用风险。

（二）财产险业保费增速下滑，经营业绩两极分化

2015年，财产险公司保费收入8 423亿元，同比增长11.7%，增速下降4.8个百分点，其中，机动车辆险保费6 199亿元，同比增长12.4%。受宏观经济下行压力加大和结构调整等因素影响，货运险、船舶险、信用险、企业财产险保费负增长。行业综合成本率98.6%，比上年下降0.6个百分点，全年财产险公司实现税前利润782亿元，同比增长9.2%。虽然全行业整体盈利，但各类公司经营成果分化严重：大型公司经营优势明显，部分未发展出核心竞争能力的中小型公司承保亏损，投资能力不足，经营存在一定困难。

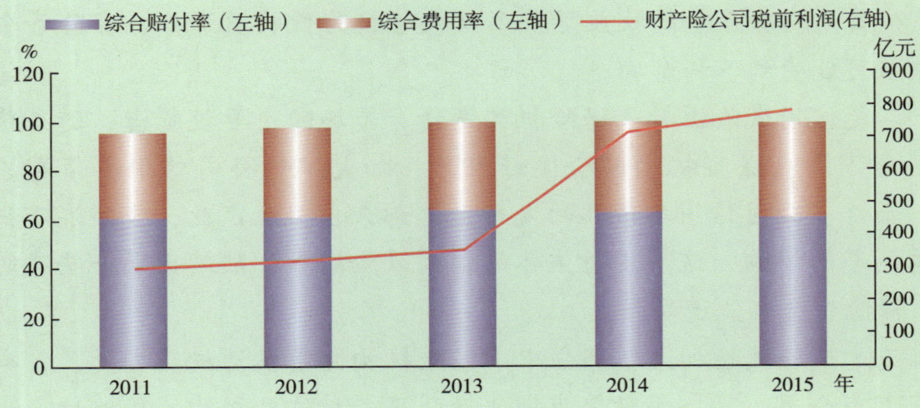

数据来源：中国保监会。

图5-4　财产险公司承保业绩变化情况

（三）人身险业快速增长，利润再创新高

2015年，人身险公司保费收入1.6万亿元，同比增长25.0%，比上年提高6.9个百分点。具有投资功能的保险产品规模大幅增长，不计入保费收入的保户投资款新增缴费超过7 600亿元，同比增长95.2%，投连险独立账户新增缴费678亿元，同比增长135%。全年人身险公司规模保费收入①达到2.4万亿元，同比增长43.1%。同时，投资业绩大幅提升，同比增长51.4%。预计全年实现税前利润1 740亿元，同比增长54.8%。

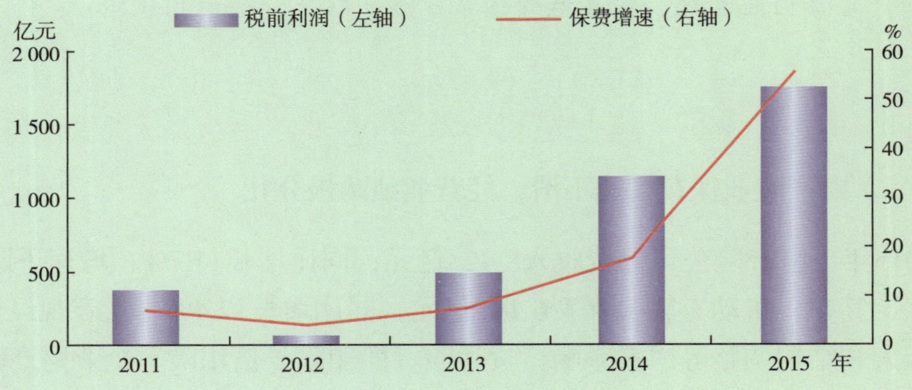

数据来源：中国保监会。

图5-5　近年来人身险公司税前利润及保费增速情况

① 规模保费指所有保险产品的实际销售收入，等于原保费（即保费）、保户投资款新增缴费、投连险独立账户新增缴费三项之和。

（四）人身险业资产负债匹配管理难度大，流动性风险值得关注

2015年，人身险业满期给付超过2 700亿元，同比增长近30%。退保金超过3 900亿元，退保率5.97%，比上年增加0.4个百分点。整体上人身险业负债期限长于资产期限，存在“长钱短用”，15年以上的资产负债缺口达5.4万亿元。但近年来，部分中小公司通过大量销售实际期限较短、资金成本较高的高现金价值产品来扩大规模、应对满期给付和退保压力，为获取高收益，又投资于流动性较低的权益类或另类资产，导致“短钱长用”，蕴含较大的流动性风险。投资一旦出现损失，高现金价值产品的滚动销售将很难持续。

（五）财产险市场结构保持稳定，人身险市场格局明显变化

2015年，最大财产险公司保费市场份额和财产险赫芬达尔指数[①]分别为33.4%和0.171，均与上年相同。最大人身险公司保费市场份额和人身险赫芬达尔指数分别为23%和0.094，比上年分别下降3.1个百分点和0.02。部分中小公司凭借在高收益理财型产品上的快速增长，规模保费市场份额快速提升，对人身险市场产生了显著影响。按规模保费统计，人身险业最大公司的市场份额降至16.8%，赫芬达尔指数为0.067，比上年分别下降4.3个百分点和0.021。

（六）保险投诉量增速放缓，消费者保护需进一步加强

2015年，保险监管部门接到有效投诉30 204件，同比增长8.3%，比上年下降22.3个百分点。财产险公司平均每亿元保费投诉1.75件，比上年增加0.07件，但万张保单投诉量从0.1件下降为0.04件。人身险公司平均每亿元保费投诉0.97件，比上年下降0.22件，万张保单投诉量为0.21件，与上年基本持平。财产险投诉中，理赔/给付纠纷占总投诉量的76.2%，其中车险理赔纠纷占比最高。人身险投诉中，退保纠纷、理赔/给付纠纷、销售违规、承保纠纷列前4位，与上年相比，销售违规情况有所下降，但退保纠纷增多，健康险和意外险理赔纠纷增长较快。随着互联网保险的快速发展，全年涉及互联网销售的投诉明显上升，同比增长46.5%，达到总投诉量的4.79%。

三、展望

2016年是我国全面建成小康社会决胜阶段的开局之年，保险业要利用好供

---

① 赫芬达尔指数（HHI）是行业内所有机构市场份额的平方和。HHI的值越高，说明市场集中度越高。

给侧结构性改革契机，牢固树立和贯彻落实创新、协调、绿色、开放、共享的发展理念，提升保险供给质量，深化市场化改革，加强风险防范，促进保险业持续健康发展。

（一）加快行业转型升级，提升保险供给的针对性和有效性

加强对保险资源的有效利用和合理开发，从高成本、高投入、高消耗的外延式扩张转向集约化、精细化的内涵式增长。加大产品和服务创新，发挥保险产品的保障优势，满足多样化的社会需求。稳步提高农业保险保障水平，扩大价格保险试点，深化主要农作物风险费率区划研究，完善农业保险再保险共同体机制，扩大承保能力。积极参与健康保障和养老保障服务，完善大病保险运行机制，推动实施"一站式"结算和异地就医即时结算，提升服务水平。推进地震巨灾保险立法进程，继续推动巨灾保险地方试点，探索研究覆盖洪水、台风等主要自然灾害的巨灾保险制度。推动医疗、安全生产等领域责任保险发展，研究制定环境污染强制责任保险制度方案。加大小额贷款保证保险试点，加快发展短期出口信用保险。

（二）全面推进市场化改革，增强行业可持续发展动力

继续深化人身险费率市场化改革，稳步加快商业车险条款费率市场化进程，启动意外险费率市场化改革。深化保险资金运用市场化改革，引导保险资金通过债权投资计划、股权投资计划等方式，支持国家重大战略实施和重大民生工程建设，通过保险私募基金等，支持科技型小微企业和战略新兴产业。促进市场主体的风险责任与自主权利相匹配、投资范围与投资能力相匹配。推动市场准入退出机制改革，积极发展自保、相互、互联网等新型保险组织，推进再保险公司等专业性保险机构发展，研究制定保险机构整顿接管程序规定，加快区域性市场退出实践。

（三）规范市场秩序，保护消费者权益

开展车险市场专项检查，严厉打击扰乱市场秩序行为。加大农业保险现场检查力度，坚持对农险违规零容忍。规范人身险中短存续期产品发展。加强对大病保险全面实施的承办规范。继续治理理赔难，开展保险小额理赔服务质量监测工作，建立车险理赔基础指标披露通报和服务测评制度。深入治理销售误导，规范商业银行代理销售保险和公司赠送保险等行为，针对部分渠道、部分险种探索建立销售行为可回溯制度。规范保险中介市场机构管理和业务发展，加强对保险销售从业人员素质和质量的管控。健全保险服务评价体系，完善保险消费投诉处理相关制度，深化保险纠纷调处机制建设，加强保险消费者教育和风险提示。

（四）提升监管能力和水平，切实防范化解风险

完善监管制度，改进监管方式方法，强化保险公司治理和内控监管。加强行业基础设施建设，推进监管信息化建设，加大信息披露力度。防范满期给付和非正常退保风险，妥善处置风险苗头和群体性事件，做好存量风险化解，对可能出现风险的公司进行动态预警与监控，开展现金流压力测试。防范偿付能力不足风险，稳妥推进偿二代的正式实施，持续监测各公司的偿付能力状况。防范资金运用风险，建立资产负债匹配监管的长效机制，按照期限、收益率、风险匹配要求，完善承保业务和投资业务匹配管理。防范案件风险，强化案件综合治理。防范交叉性金融产品风险和金融风险跨境跨市场传递，强化监管协调和信息共享。

第六章

金融市场

2015年，金融市场产品种类不断丰富，参与主体趋向多元化，基础设施进一步完善，对外开放取得进展。金融市场在支持和改善宏观调控、满足实体经济融资需求、降低社会融资成本等方面发挥了积极作用。

一、市场运行情况

（一）货币市场

成交量同比大幅增加，交易短期化特征明显。2015年，货币市场成交总量522万亿元，同比增长99.2%。其中，同业拆借累计成交64.2万亿元，同比增长70.5%；债券回购累计成交457.8万亿元，同比增加104%。7天以内同业拆借成交61.69万亿元，占拆借成交总量的96%，较上年提高2个百分点；7天以内质押式回购成交416.24万亿元，占质押式回购成交总量的91%，较上年下降2个百分点。

利率中枢大幅下行，利率呈现前高后低的走势。2015年第一季度，7天质押式回购加权平均利率4.3%，第二季度末大幅下行至2.6%，下半年在2%-2.6%区间内窄幅波动。受春节现金备付等因素影响，7天质押式回购利率峰值出现在2月16日，达4.87%，此后下行至5月15日的年内最低水平1.88%。12月，质押式回购月加权平均利率1.95%，较年初下降154个基点；同业拆借加权平均利率1.97%，较上年同期下降152个基点。

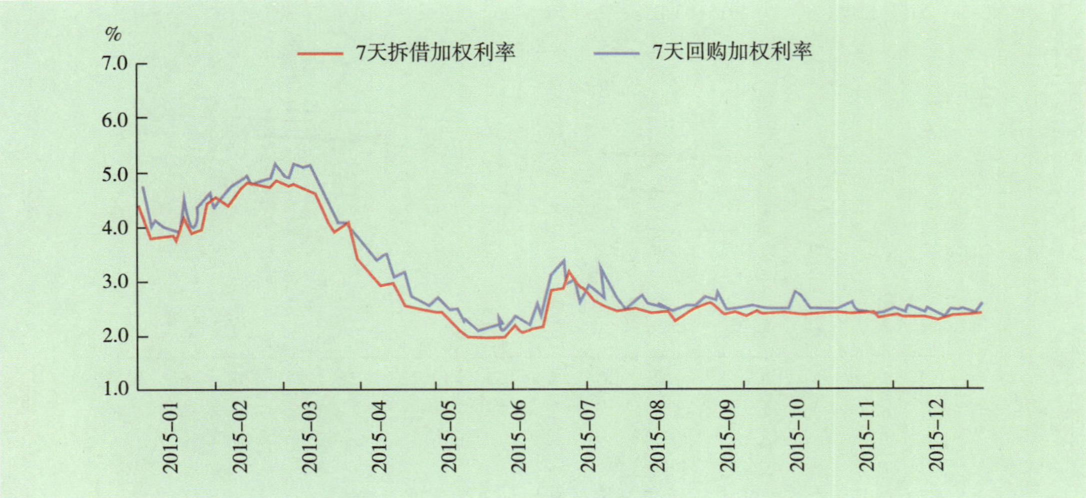

数据来源：全国银行间同业拆借中心。

图6-1　2015年货币市场利率走势图

（二）外汇市场

成交量显著增长。2015年，银行间外汇市场成交13.67万亿美元，同比增长54.2%，其中，人民币外汇市场成交13.55万亿美元，同比增长53.9%；外币对市场成交1 202.1亿美元，同比增长98.5%。从产品结构看，外汇衍生品成交量增幅自2009年以来持续高于即期交易，占比逐年上升。2015年，外汇衍生品成交8.7万亿美元，同比增长85.9%；外汇即期成交4.9万亿美元，同比增长18.4%。外汇衍生品成交占整个银行间外汇市场成交的63.9%，连续7年增长。从币种结构上看，2015年推出了人民币对瑞士法郎直接交易，币种结构持续改善。

（三）债券市场

现券成交量同比大增，收益率曲线大幅下移。2015年，银行间市场现券成交86.7万亿元，同比增长115.8%。交易所市场现券成交3.4万亿元，同比增长21.9%。银行间市场债券指数由年初的158.77点上升至年末的171.37点，升幅7.94%；交易所市场国债指数由年初的145.8点上升至年末的154.54点，升幅5.99%。全年银行间市场国债收益率曲线整体大幅下移，12月末，国债1年、3年、5年、7年和10年期收益率较年初分别下降96个、82个、81个、77个和80个基点。

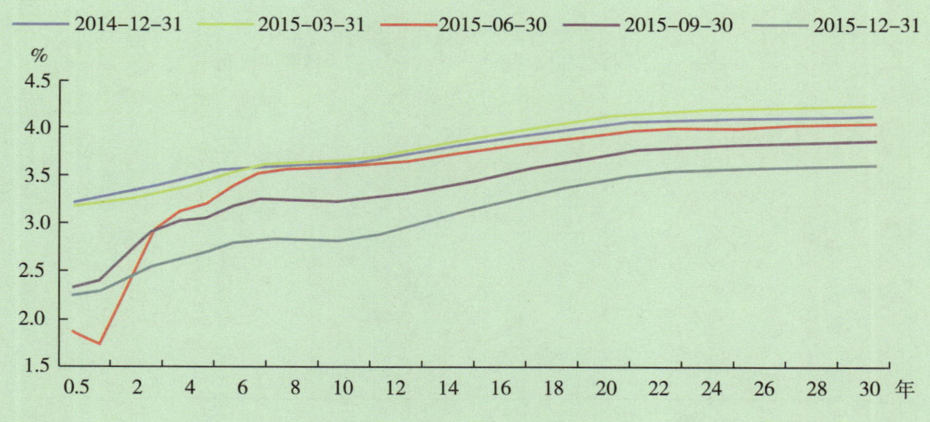

数据来源：中央国债登记结算有限责任公司。

图6-2 2015年银行间市场国债收益率曲线变化情况

银行间市场投资者数量继续增加。截至2015年末，银行间市场各类参与者共9 642家，较上年末增加3 180家，同比增长49.21%。其中，境内法人类参与机构2 094家，境内非法人机构投资者7 240家。共有308家[①]包括境外中央银行或货币当局、国际金融机构、主权财富基金、人民币业务清算行、跨境贸易人民币结算境外参加行、境外保险机构、人民币合格境外机构投资者（RQFII）和合格境外机构投资者（QFII）等在内的境外机构进入银行间债券市场，较上年末增加128家。

专栏13 推进绿色金融发展

我国高度重视绿色发展，党的十八届五中全会明确把“绿色”发展理念作为实现“十三五”时期发展目标、破解发展难题的五大理念之一。发展绿色金融，是将对自然资源的有效利用和对环境的保护作为金融活动成效的标准之一，通过金融活动引导和服务各经济主体降低环境损害、保护自然资源。当前，加快构建绿色金融体系已成为推动经济发展方式向绿色、可持续发展模式转变的关键。2015年9月，国务院印发了《生态文明体制改革总体方案》，首次提出关于建立我国绿色金融体系的战略部署。相关部门加快了对构建我国绿色金融体系框架的研究和探索，不断健全金融市场机制和完善金融政策机制，推动我国绿色金融发展。

建立和完善绿色债券市场。2015年12月，人民银行发布公告，明确了建设和发展中国境内绿色债券市场的政策框架，在银行间市场推出绿色金融债券，对绿色金融债券从绿色产业项目界定、募集资金投向、存续期间资金管理、信息披露和独立机构评估或认证等方面进行了引导和规范，明确将符合条件的绿色金融债券纳入相关货币政策操作的抵质押品范围。截至2016年2月末，浦发银行和兴业银行已在银行间债券市场成功发行绿色金融债券300亿元。同时，积极开展绿色信贷资产证券化，推动企业发行绿色融资工具筹集资金。兴业银行发行绿色信贷资产支持证券26.5亿元，绿色相关企业发行2.2万亿元债务融资工具。

加强宏观信贷指导，大力发展绿色信贷。灵活运用多种政策工具，

① 口径与往年相比有所调整，此数包括境外机构以产品名义开立的账户。

通过再贷款、担保机制等支持绿色信贷发展。引导商业银行制定和完善绿色信贷准入标准，建立绿色项目风险评价体系，提高评估节能环保领域投资效益和授信风险的水平。充分发挥征信系统在环境保护方面的激励和约束作用。

积极推进国际绿色金融体系框架研究。成立绿色金融工作小组，加强绿色金融体系的顶层设计。由中国提出的成立G20绿色金融研究组的建议于12月被G20副手会正式批准，将对在全球范围推动绿色金融的国际合作起到积极作用，并提升中国在此领域的国际影响力。

（四）股票市场

股票市场大幅波动。2015年上半年，沪、深两市快速上涨，上证综指6月12日盘中达到全年最高5 178.19点，较上年末上涨60.08%。6月15日，沪、深两市开始快速下跌，上证综指于8月26日盘中触及全年最低2 850.71点，较全年最高点下跌44.95%；深证成指于9月15日盘中触及全年最低9 259.65点，较全年最高点下跌49.17%；随后两市维持震荡走势。截至年末，上证综指收于 3 539.18点，较上年末上涨304.50点，涨幅9.41%。深证成指收于12 664.89点，较上年末上涨1 650.27点，涨幅14.98%。

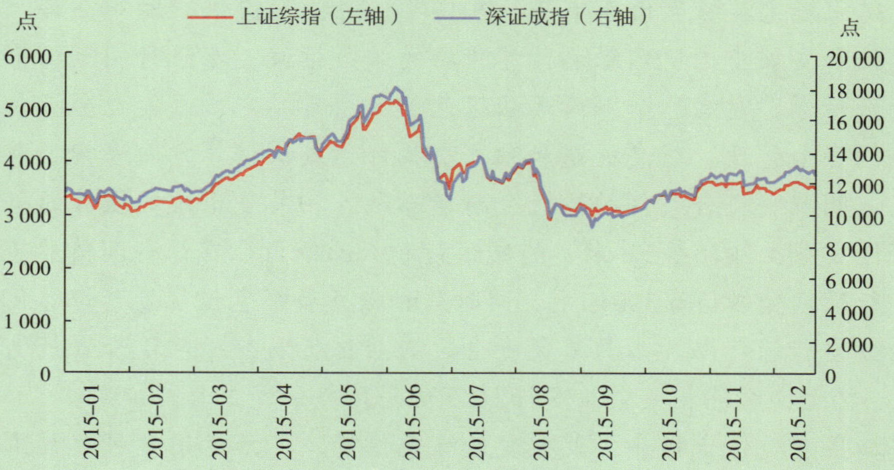

数据来源：万得数据库。

图6-3 2015年上证综指和深证成指走势

成交活跃度明显上升。2015年，沪、深两市日均成交金额10 381.02亿元，较上年增加7 344.62亿元，增长241.89%。沪市和深市股票换手率较上年分别提高494.3个和438.8个百分点，市场活跃度较上年大幅上升。

（五）期货期权市场

期货成交量快速增长。截至2015年末，境内期货市场共有期货品种52个。其中，商品期货品种46个，金融期货品种5个，金融期权品种1个。全年境内期货市场成交量35.78亿手，同比增长42.78%；成交金额554万亿元，同比增长89.81%。其中，商品期货成交量32.37亿手，成交金额136.47万亿元，同比分别增长41.46%和6.64%；股指期货成交量3.35亿手，成交金额411.75万亿元，同比分别增长54.52%和152.39%。5年期国债期货全年成交量440.36万手，同比增长377.16%；3月新推出的10年期国债期货全年成交量168.39万手。与上年相比，铝、燃料油、石油沥青、热轧卷板、甲醇、油菜籽、白糖、PTA、玉米、铁矿石、聚乙烯、5年期国债期货合约的成交量增幅较为明显。

商品期货价格持续下跌，股指期货价格大幅波动。2015年，受大宗商品需求下降、美联储加息等因素影响，国内商品期货价格延续上年下跌走势。截至年末，中国商品期货指数收于694.54点，较上年末下跌13.44%；农产品期货指数收于817.47点，较上年末下跌5.92%；工业品期货指数收于610.19点，较上年末下跌17.99%。股指期货价格大幅波动，上证50指数期货主力合约年内最高报3 565点，最低报1 781点，振幅为54.33%；沪深300指数期货主力合约年内最高报5 400点，最低报2 686点，振幅为75.53%；中证500指数期货主力合约年内最高报11 585点，最低报5 101.8点，振幅为84.11%。5年期国债期货主力合约年末收报100.680元，较上年末上涨3.908元。

首只场内期权产品运行平稳。2月9日，国内首只场内期权产品——上证50ETF期权正式上市交易。全年上证50ETF期权累计成交2 327万张，成交面值5 910亿元，权利金成交金额237亿元。相对买卖价差由上市首月的2.16%降至12月的1.50%，价格冲击成本由上市首月的2.91%降至12月的1.47%，市场流动性逐步提升。成交持仓比平均为0.42，期现成交比为0.03①。

（六）票据市场

票据融资较快增长，票据市场利率波动下行。2015年，金融机构累计贴现

① 在境外股票期权市场，投机交易行为占比通常为30%–40%，期现成交比通常略大于1。

102.1万亿元，同比增长68.2%；年末贴现余额4.6万亿元，同比增长56.9%。票据融资余额总体增长较快，年末比年初增加近1.7万亿元，占各项贷款的比重为4.9%，同比上升1.3个百分点。2015年，受银行体系流动性总体充裕、货币市场利率下降、票据市场供求变化等因素影响，票据市场利率总体波动下行。

（七）人民币利率衍生品市场

交易活跃度继续上升。2015年，人民币利率互换市场达成交易64 557笔，同比增长50%；名义本金总额8.23万亿元，同比增长104%。从期限结构看，1年及1年期以下交易最为活跃，名义本金总额7.24万亿元，占总量的88%。从参考利率看，人民币利率互换交易的浮动端参考利率主要包括7天回购定盘利率和Shibor，与之挂钩的利率互换交易名义本金占比分别为89.5%和10.2%。

创新产品发展迅速。2015年推出标准债券远期产品交易，全年共达成交易83笔，成交量19.6亿元。自2014年11月推出以来，标准利率衍生品成交量快速增长，2015年累计成交994笔，名义本金总额5 014亿元。

（八）黄金市场

黄金价格震荡下行，交易规模快速增长。2015年，国内金价与国际金价走势总体保持震荡下行趋势，国内外价差小幅扩大。国际黄金价格最高1 295.75美元/盎司，最低1 049.40美元/盎司，年末收于1 062.25美元/盎司，较上年末下跌137美元/盎司，跌幅为11.42%。上海黄金交易所AU9999最高价为265元/克，最低价为210.79元/克，年末收于222.86元/克，较上年末下跌17.73元/克，跌幅为7.37%。成交量方面，上海黄金交易所交易规模增幅显著，全年黄金累计成交3.41万吨，同比增长89.58%；成交金额8.01万亿元，同比增长79.42%。

二、市场融资情况

债券市场发行和托管规模持续增加，增速明显扩大。2015年，债券市场共发行人民币债券22.3万亿元，同比增长87.5%，增速较上年扩大55.2[①]个百分点。年末债券市场托管余额为47.9万亿元，同比增长34.6%，增速较上年扩大6.4个百分点。其中，银行间债券市场发行债券21万亿元、年末托管余额为43.9

① 同比增速为可比口径数据，下同。

万亿元。目前，银行间债券市场的发行人包括财政部、国家开发银行、政策性银行、中国铁路总公司、商业银行、非银行金融机构、国际开发机构、非金融企业、境外非金融企业、境外金融机构及外国政府等各类主体，债券品种日趋多样化，信用层次进一步丰富。

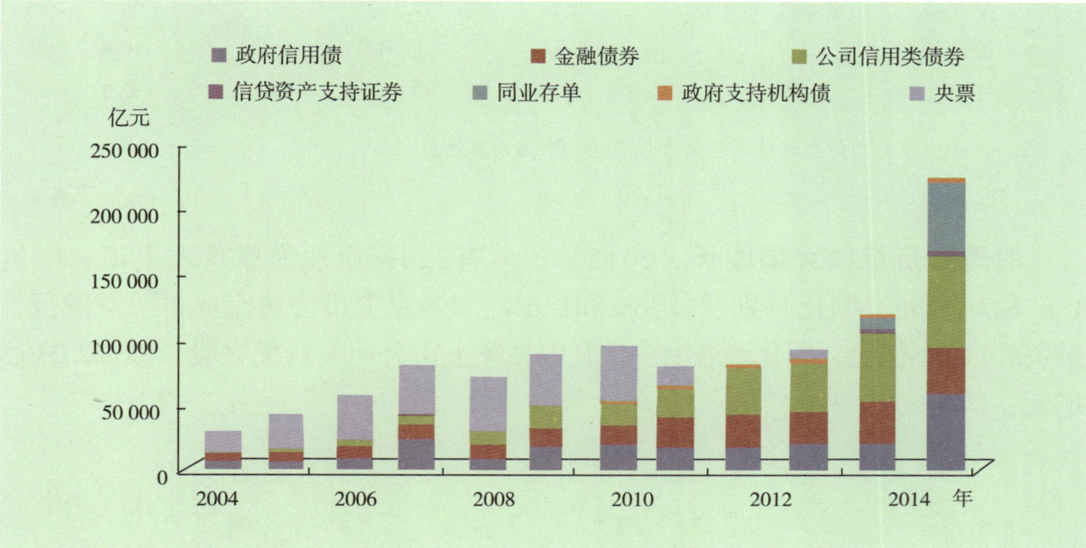

数据来源：中央国债登记结算有限责任公司、上海清算所。

图6–4　近年来债券市场各券种发行量变化情况

2015年，地方政府债券发行规模大幅上升，达到3.8万亿元，同比增长858.8%。公司信用类债券发行结构发生变化，其中，非金融企业债务融资工具继续维持较高增速，发行5.4万亿元，同比增长30.3%；企业债券发行量有所下降，发行3 431亿元，同比减少50.6%；公司债券发行量上升较快，发行1.3万亿元，同比增长272.6%。

表6–1　　2015年主要债券品种发行情况

债券品种	发行额（亿元）	同比增长（%）
国债①	19 875.4	16.6
地方政府债券	38 350.6	858.8
国开行及政策性银行债	25 790.2	12.6

① 不包含凭证式国债。

续表

债券品种	发行额（亿元）	同比增长（%）
券商短融	3 515.6	–17.2
其他金融债	6 295.6	15.3
公司信用类债券	70 128.1	35.8
其中：非金融企业债务融资工具[①]	53 715.6	30.3
企业债券	3 431.0	–50.6
公司债券[②]	12 981.5	272.6

资料来源：中央国债登记结算有限责任公司、上海清算所。

股票融资规模大幅增长。2015年，共有220家企业完成首发上市，融资1 578.29亿元，同比分别增长76%和136%。399家上市公司完成再融资发行，融资8 931.96亿元，同比增长31%，其中12家上市公司发行优先股，融资2 036.5亿元，同比增长93%。

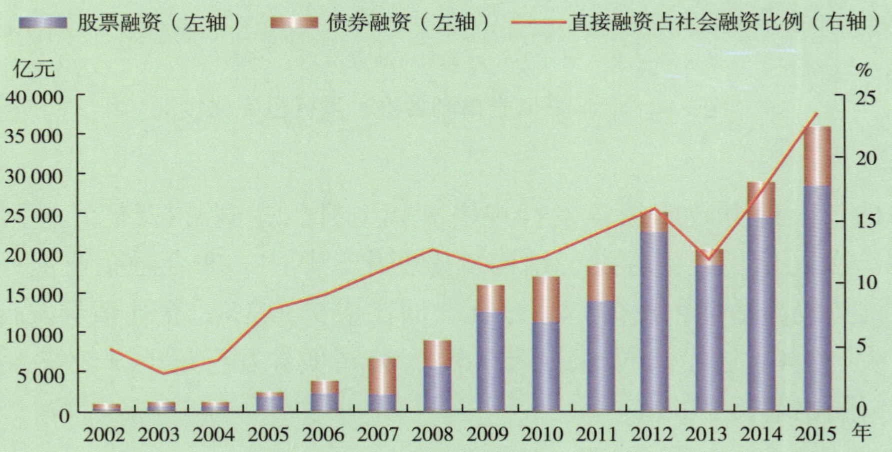

数据来源：中国人民银行。

图6-5　2002-2015年非金融企业直接融资规模及占社会融资规模比例

① 不包含铁路总公司发行的债券。“企业债券”项下同。

② 包含在交易所发行的证券公司债。

三、市场制度建设

推动产品创新，丰富金融债券品种。在银行间债券市场推出保险公司资本补充债券，拓宽保险公司资本补充渠道，有助于提高其偿付能力和抵御风险能力。推出绿色金融债券，支持环保、节能、清洁能源、清洁交通等绿色产业项目融资，增加绿色信贷特别是中长期绿色信贷的有效供给。推出永续票据、并购票据、资产支持票据、"债贷组合"等非金融企业债务融资工具新品种。

扩大银行间债券市场发行主体，取消债券交易流通审批。引入汇丰银行等境外金融机构及韩国等外国政府在境内发行人民币债券，研究完善境外机构在境内发债相关制度，进一步扩大了银行间债券市场发行主体范围，拓宽境外机构的人民币融资渠道，促进我国债券市场对外开放，推进人民币跨境使用。调整银行间债券市场债券交易流通有关管理政策，取消市场交易流通审批事项，并强化信息披露、加强投资者保护等要求，进一步促进债券市场规范发展。

丰富市场投资主体，扩大境外机构在银行间债券市场投资范围。允许境外央行、国际金融组织、主权财富基金在银行间市场开展债券现券、债券回购、债券借贷、利率互换等中国人民银行许可的交易，进一步提高境外央行类机构投资银行间市场效率。允许境外人民币业务清算行、境外参加银行在银行间债券市场开展债券回购交易，满足境外机构人民币资产流动性管理需求。允许符合条件的私募基金投资银行间债券市场，完善多层次市场体系。

规范发展黄金市场。在上海黄金交易所询价交易平台推出黄金询价期权业务，进一步完善黄金市场产品体系。开展有价资产充抵保证金业务，降低投资者成本。稳步推进黄金市场尝试做市商制度，提高市场流动性。开展境外结算银行业务试点，上海黄金交易所与香港金银业贸易场在香港联合推出"黄金沪港通"业务。

专栏14　人民币资本项目可兑换与我国金融市场对外开放

党的十八届三中全会报告提出"推动资本市场双向开放，有序提高跨境资本和金融交易可兑换程度，建立健全宏观审慎管理框架下的外债和资本流动管理体系，加快实现人民币资本项目可兑换"。2015年10月29日通过的《中共中央关于制定国民经济和社会发展第十三个五年规划的建议》提出“有序实现人民币资本项目可兑换，推动人民币加入特别提款权，成为可兑换、可自由使用货币”。

中国于1996年实现人民币经常项目可兑换后即开始稳步推进资本项目可兑换，取得了积极进展和显著成效。近期取得的新进展主要包括：对于企业“走出去”过程中的投融资行为，实现了汇兑环节按实需原则购汇和支付，推出了沪港通，实现了内地和香港的基金互认，境外机构在境内发行人民币债券更加便利，完全开放境外央行类机构进入境内银行间债券市场、银行间外汇市场，上海自贸区分账核算单元有关业务稳步发展等。从国际货币基金组织资本和金融项目交易分类标准下的40个子项来看，目前中国达到可兑换和部分可兑换的项目已有37项，距实现人民币资本项目可兑换的目标已不遥远。2015年11月30日，国际货币基金组织执行董事会决定将人民币纳入特别提款权（SDR），是人民币资本项目可兑换和金融市场对外开放成果的体现。

下一步将继续按照“成熟一项、推出一项”的原则有序实现人民币资本项目可兑换，在风险可控前提下进一步提升人民币可兑换、可自由使用程度，更好地满足实体经济的需求。未来一段时期人民币资本项目可兑换和金融市场对外开放的重点任务包括：一是推动境内外个人投资更加便利化，进一步提高国内居民投资海外金融市场以及外国投资者投资中国金融市场的自由程度和便利程度。二是推进资本市场双向开放，改进并逐步取消境内外投资额度限制。提升股票、债券市场对外开放程度，有序拓展境外机构参与银行间债券市场的主体范围和规模，扩大境内机构境外发行债券的主体类型和地域范围，放宽境外机构境内发行人民币债券限制。完善沪港通的相关机制，适时推出深港通。进一步扩大QDII和QFII主体资格，增加投资额度。条件成熟时，取消资格和额度审批，将相关投资便利扩大到境内外所有合法机构。三是推动修订《中华人民共和国外汇管理条例》，清理相关规章制度，将资本项目可兑换纳入法制框架。建立与国际金融市场相适应的会计准则、监管规则和法律规章，提升金融市场国际化水平。四是深入研究落实外债和资本跨境流动管理的宏观审慎政策框架，建立健全有效的风险预警和防控体系。

四、稳健性评估

2015年，股票市场、外汇市场压力指数上升较快，货币市场、债券市场压力指数较上年有所下降。

货币市场利率总体下行，市场压力有所下降。2015年，货币市场流动性总量合理充裕，流动性供求大体平衡，货币市场利率总体呈下行趋势。截至年末，隔夜质押式回购、7天质押式回购加权平均利率分别为2.14%和2.39%，较年初分别下降135个和245个基点。Shibor利率全线下行，其中，隔夜Shibor较上年末下行154个基点至1.99%，7天Shibor下行228个基点至2.35%，3个月Shibor下行205个基点至3.09%。从市场压力指数看，2015年货币市场主要交易品种波动性有所降低，市场压力呈下降趋势，低于2014年水平，全年货币市场压力整体处于较温和水平。

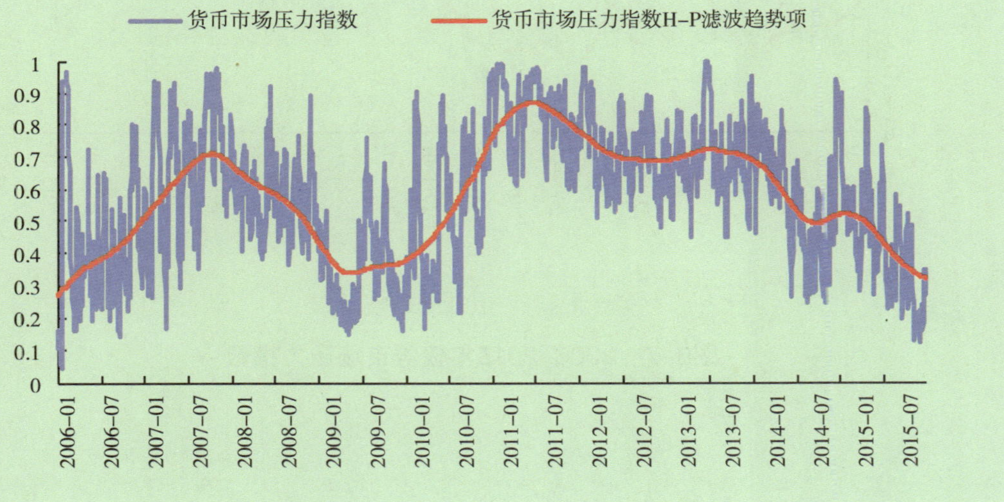

数据来源：中国人民银行。

图6-6　2006-2015年货币市场压力指数

债券市场收益率下行，市场压力有所下降。2015年，在债券市场压力指数三方面构成要素中，利率风险、机构投资者悲观预期、信用风险均有所下降，债券市场压力较上年有所下降，整体处于较温和水平。具体而言，受基准利率下调、货币市场利率下行、市场避险需求上升等多重因素影响，债券市场收益率整体下行；同时，1年期、5年期和10年期等关键期限国债收益率波动性有所降低，债券市场利率风险下降。国债到期收益率曲线全年呈现陡峭化趋势，1年期和10年期国债期限利差日均为82个基点，较上年平均水平65.9个基点上升16.1个基点，债券市场机构投资者对未来经济的悲观预期较上年有所缓解。1年期和5年期AA级中期票据与同期限国债的日均利差分别为179.5个和203.6个基点，较上年分别下行29.7个和54.9个基点；关键期限AA级中期票据与同期限国债利差（信用风险溢价）缩小，债券市场信用风险有所下降。但应该注意的是，上述债券市场信用风险溢价可能包含了刚性兑付预期，债券市场信用风险可能被低估。

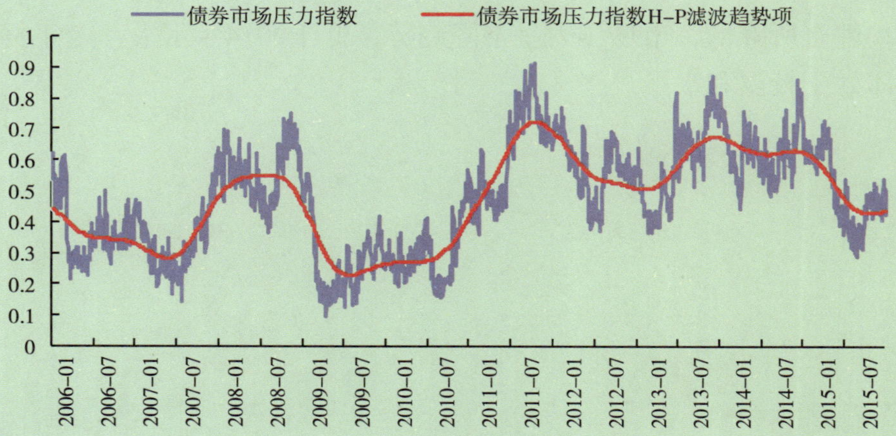

数据来源：中国人民银行。

图6-7 2006-2015年债券市场压力指数

专栏15 债券市场违约事件有所增加，信用风险基本可控

2015年我国债券市场继续快速发展，公司信用类债券发行7万亿元，同比增长35.8%，对稳增长、调结构、拓宽融资渠道，降低成本和有效传导货币政策发挥了重要作用。但在经济下行压力的背景下，部分债券发行人经营出现困难，债券市场信用风险逐步显现。

当前，债券市场信用风险状况主要有以下两个特点：一是债券违约事件有所增加。根据公开披露的数据，2015年公司债、企业债和债务融资工具共有18起违约事件，较上年有所增加。其中，公司债12起，涉及债券本金35.3亿元；企业债2起，涉及债券本金23亿元；债务融资工具4起，涉及债券本金60亿元。**二是违约企业主要集中在产能过剩行业。**2015年，发生违约的企业主要处于光伏、造船、风电、煤炭、有色金属等产能过剩的行业，约80%为民营企业，国有企业违约事件也开始显现。

对于当前公司信用债券市场信用风险要客观看待。在经济下行周期，债券市场违约事件增多是国际市场普遍存在的现象。标准普尔数据显示，美国信用债券市场在2007—2011年违约率从0.49%上升到5.71%。我国债券市场过去几年的快速发展正处于经济上行周期，较少发生违约，随着宏观经济增长趋缓，部分发行人经营出现一些困难，违约概率上升是企业信用风险释放的自然反映。

总体来看，当前债券市场信用风险基本可控。**一是**近年违约主要发生在一些产能过剩行业中，而在存量债券中，钢铁、煤炭、有色、玻璃等行业债券占比较小。**二是**公司信用类债券主要是由机构投资者持有，该类机构有承担风险的预期、机制和能力，在风险处置过程中维护自身权益的能力也较强，风险不易传染。**三是**债券可以在二级市场交易，在发生风险事件时，投资者可以通过二级市场逐步释放风险。**四是**债券市场已经具有较为成熟的市场化风险防范和化解机制。以非金融企业债务融资工具为例，已经建立了持有人会议机制、信息披露制度以及信用风险预警和应急处置机制，对发行人和主承销商进行督导和风险提示，督促其及时披露有关信息，以保护投资者利益。

下一步，促进债券市场健康发展，关键是按照市场化、法治化原则，加快完善信用风险处置机制。**一是**要提高破产执法效率，做好持有人会议、受托管理人制度与司法程序的制度衔接，降低违约处置成本。**二是**在坚持投资人按照市场原则承担损失的同时，督促信用增进机构依合约履行代偿责任，支持投资人维护自身合法权益，防止债务人及其股东恶性逃废债务。**三是**继续完善信息披露机制，进一步细化持续信息披露要求，督促发行人及时、充分、完整披露公司经营有关信息；规范信用评级机构评级行为，更好地发挥信用评级真实、准确、全面揭示发行人信用风险的作用。**四是**稳妥发展信用衍生产品，给投资人提供更多的信用风险管理工具。**五是**要完善责任追究机制，对于负有责任的市场中介机构，支持投资人依法追究责任。

股票市场大幅波动，下半年市场压力上升至较高水平。A股市场在经历较长时间低迷后，股指出现恢复性上扬，2014年4月至2015年3月间，上证综指涨84.3%，创业板指涨75.9%。投资者入市踊跃，2015年4月最高日开户61.5万户，较2014年底日均开户数增长374.9%；证券交易结算资金余额大幅上升，6月12日达3.1万亿元，较2014年底增长168.9%。部分投资者通过融资融券、结构化信托、场外配资等方式融资买入股票，A股市场快速上涨。2015年4月至6月12日，上证综指涨37.8%，创业板指涨67.0%，期末融资融券余额达2.3万亿元。部分受清理场外配资影响，股市因融资交易头寸大进入下跌螺旋。2015年6月15日至7月7日，A股市场持续出现“千股跌停”，流动性骤然下降，期间上证综指跌27.9%，创业板指跌39.7%，融资融券余额下降27.0%。7月8日后，相关部门积极应对，协调配合，市场进入波段震荡。2015年8月，受国际国内多重因素影响，A股市场再次出现大幅下跌，8月20日至8月26日5个交易日内上证综指、创业板指分别下跌22.8%和26.5%，融资融券余额下降18.7%。截至2015年12月31日，上证综指收于3 539.18点，较年初上涨9.41%；深证成指收于12 664.89点，较年初上涨14.98%。从股票市场压力指数看，2015年上半年A股市场压力以估值风险为主，带动压力指数快速上升。下半年随着泡沫破裂，波动风险快速上升，估值风险有所下降，压力指数反映的股票市场总体压力仍较快上升，年末处于较高水平。板块估值分化明显，大盘蓝筹股票估值显著低于中小板、创业板市场估值。截至2015年末，全部AB股、沪深300、中小板和创业板滚动市盈率分别为28.5倍、16.6倍、88.4倍和134.3倍，同比分别上升46.2%、18.6%、105.7%和108.9%；全部AB股和沪深300市净率分别为2.3倍和1.6倍，同比分别下降11.5%和27.3%。中小板和创业板市净率分别为5.6倍和8.4倍，同比分别上升40%和44.8%。2016年初，受外围市场普遍下跌及主要经济体加息预期较强等多重因素影响，A股市场实施的指数熔断机制在1月4日至7日四个交易日内，两次触发熔断至收市阀值导致1月4日、1月7日均提前收市。上海证券交易所、深圳证券交易所、中国金融期货交易所宣布自2016年1月8日起暂停指数熔断。

人民币对美元小幅贬值，下半年外汇市场压力上升至较高水平。2015年，人民币对美元汇率小幅贬值，双向浮动特征明显，汇率弹性明显增强，人民币对一篮子货币保持了基本稳定，人民币汇率预期总体平稳。2015年末，美元对人民币汇率在岸市场收盘价报1美元兑6.4936元人民币，较上年末贬值2 896个基点，贬值幅度4.7%；美元对人民币汇率香港市场收盘价报1美元兑6.5687元人民币，较上年末贬值3 502个基点，贬值幅度5.6%。从波动性上看，人民币兑美元即期汇率波动性下半年显著增大，外汇市场波动风险有所上升；2015年

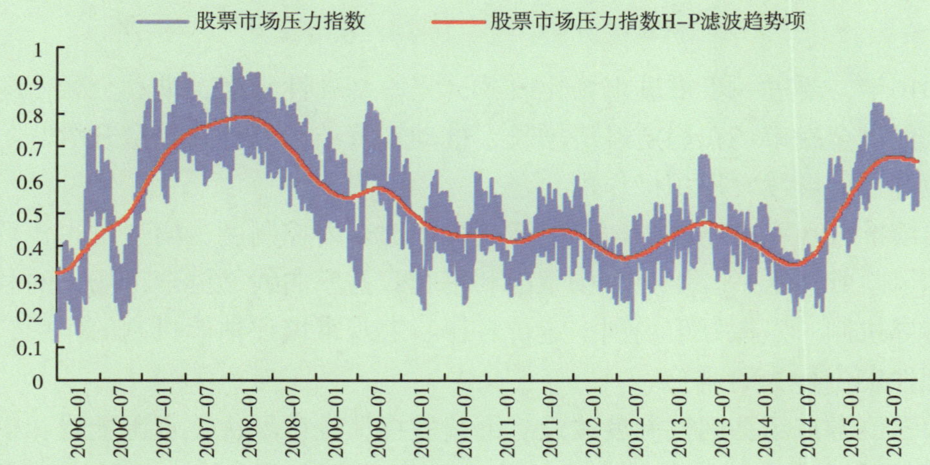

数据来源：中国人民银行。

图6-8 2006-2015年股票市场压力指数

8月11日中国人民银行完善人民币兑美元汇率中间价报价机制后，受供求等因素影响，在岸市场和离岸市场汇率差异有所增加。综合来看，2015年下半年外汇市场压力快速上升至较高水平，高于上年压力水平。

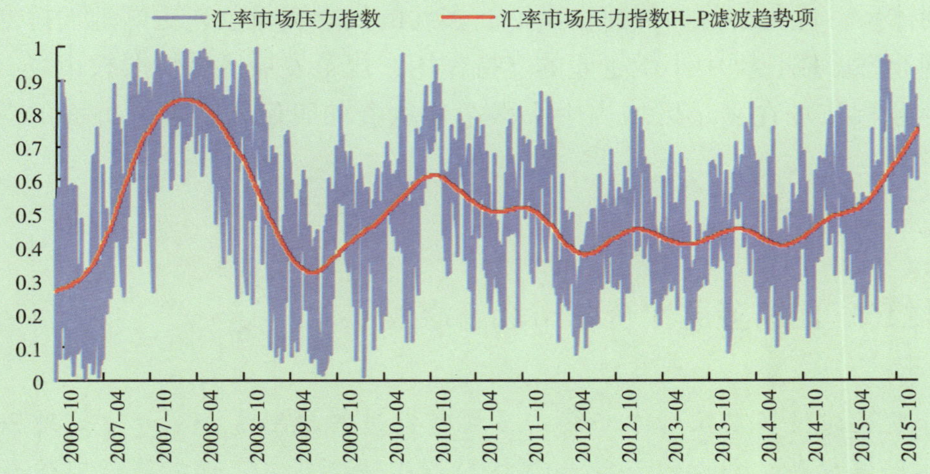

数据来源：中国人民银行。

图6-9 2006-2015年外汇市场压力指数

五、展望

2016年，要进一步推进市场化改革，完善基础性制度，推动金融市场规范发展，促进金融市场在稳定经济增长、推动经济结构调整和转型升级、防范金融风险等方面继续发挥积极作用。

继续推进利率市场改革。督促金融机构健全内控制度，增强自主合理定价能力和风险管理水平。培育市场基准利率和收益率曲线，健全市场化的利率形成和传导机制。发挥好市场利率定价自律、宏观审慎评估等机制的作用，加强对非理性定价行为的监管。

加强债券市场基础性制度建设。继续发挥债券市场优化资源配置、扩大直接融资比重的作用，改善债券市场流动性管理和定价功能，不断丰富市场产品，进一步深化国际化进程。在各金融子市场联动加强的背景下，继续做好风险防范工作，妥善应对经济下行背景下可能出现的公司信用类债券违约概率上升风险。

持续推动债券市场对外开放。根据资本项目可兑换的进程，进一步提升债券市场的对外开放水平，丰富债券市场的投资主体和发行主体类型，扩大境外机构在债券市场的投融资规模，改进和提高管理效率，同时推动完善涉及对外开放的会计、审计政策、税收、评级等制度安排。

进一步发展多层次股权市场。进一步发展壮大证券交易所主板，增强蓝筹股市场活力；深入发展中小企业板，深化创业板改革。加快完善“新三板”制度规则体系，优化小额、快速、灵活、多元的投融资机制，更好地发挥对创新型、创业型、成长型中小微企业的支持作用；规范发展区域性股权市场，发挥区域性股权市场在满足区域内中小微企业融资和股份转让需求方面的重要作用。

专栏16 促进多层次资本市场健康发展

发展建设多层次资本市场，多渠道促进股权融资，对于更好地服务实体经济发展，推动经济结构调整和产业转型升级，切实降低实体经济杠杆水平有重要意义。

推进多层次资本市场体系建设需把握的原则。我国地域广阔、地区差异明显，企业数量众多，不同类型和处于不同发展阶段的企业差异性大，需求多样，投资者的投融资需求较为多元，客观上需要资本市场在发行、交易、监管等制度安排上有所区别，形成差异化的制度安排。建设多层次资本市场体系，要牢牢把握两个原则：一是多层次资本市场体系本身不是静态的，而是一个发展的概念；二是资本市场的多层次性，源于实体经济的多层次和多样化，资本市场的建设要以实体经济的需要为根本前提。

继续完善主板、中小企业板和创业板市场建设。以稳妥推进股票发行市场化改革、完善上市公司退市制度为继续完善主板、中小企业板和创业板市场建设的重要抓手。股票发行市场化改革的核心是处理好政府与市场的关系，减少证券监管部门对发行人资质的实质性审核和价值判断，构建市场主体各司其职、各尽其责的责任体系，降低股票发行成本，提高融资效率。同时，应当进一步完善上市公司退市制度，通过优胜劣汰，提高上市公司质量。加大对虚假陈述、市场操纵和内幕交易等证券违法违规行为的打击力度，强化上市公司、中介机构等市场参与主体的市场约束和诚信约束，切实保护投资者利益，维护证券市场"三公"原则。在此基础上，进一步发展壮大主板市场，增强蓝筹股市场活力。同时，深入发展中小企业板，深化创业板改革，拓展市场深度，加大对创新创业企业的支持力度。

进一步推进全国中小企业股份转让系统建设。进一步提高全国中小企业股份转让系统（即"新三板"）企业挂牌、股票发行和并购重组的审查效率，增强市场融资功能，推进实施"新三板"内部分层和差异化管理。加快完善"新三板"制度规则体系，优化小额、快速、灵活、多元的投融资机制，更好地发挥其对创新型、创业型、成长型中小微企业的支持作用。

规范发展区域性股权市场。规范发展区域性股权市场，有利于调动中央和地方两个积极性，微观上释放基层的改革活力，促进区域性中小微企业的股权资本形成。探索建立区域性股权市场与"新三板"的合作机制，引导登记备案、运作规范的私募投资基金等机构投资者参与区域性股权市场。区域性股权市场要坚持私募市场定位，以提高为中小微企业直接融资服务能力为中心，开展运营模式和服务方式创新。

进一步完善外汇市场。继续按主动性、可控性和渐进性原则，进一步完善人民币汇率市场化形成机制，保持人民币汇率在合理均衡水平上的基本稳定。

推动外汇市场深化发展和对内对外开放，丰富外汇产品，引入合格境外主体，支持个人有序开展衍生产品交易，促进形成境内外一致的人民币汇率。

积极发展黄金市场。深入推进黄金市场对外开放战略，加快完善上海黄金交易所国际业务板块，研究推出以人民币报价的黄金定盘价机制。加大产品创新力度，进一步做精做细现有产品，结合市场需求开发新的交易品种。丰富市场参与主体，加快引入证券、基金、信托、保险等金融机构开展黄金市场业务，完善代理业务渠道。继续完善黄金市场基础设施建设，推出询价市场正式做市制度，尝试构建中远期黄金基准价格体系，同时加强技术系统建设。

稳妥推进期货及衍生品市场创新。逐步研究完善股票期权试点，健全市场多空平衡机制。完善套期保值规则，加强对于套期保值客户的审核认定，促进股指期货功能作用正常发挥。在充分评估、严防风险的基础上，做好原油等战略性期货品种的上市工作，推进白糖、豆粕农产品期货期权试点，满足产业风险管理需要。稳步推进“保险+期货”等创新试点，进一步拓展期货市场服务“三农”的渠道和机制。研究论证碳排放权期货交易，探索运用市场化机制助力绿色发展。

第七章

金融基础设施

2015年，我国金融基础设施建设扎实推进，支付体系日益完善，金融法律法规不断健全，会计标准建设继续完善，征信管理和服务水平显著提高，反洗钱和反恐怖融资工作不断深入，金融消费权益保护工作机制进一步加强，金融基础设施更加完备，金融服务和管理水平全面提升。

一、支付、清算和结算体系

（一）体系建设不断完善

法规制度建设持续加强。一是印发《中国人民银行支付系统参与者监督管理办法》，加强对中国人民银行支付系统参与者的监督管理。修订发布《支付清算系统危机处置预案》，提高支付系统突发事件应对能力。二是发布《人民币跨境支付系统业务暂行规则》、《人民币跨境支付系统运营机构监督管理办法》等文件，对系统参与者和运营者提出规范要求。三是发布《非银行支付机构网络支付业务管理办法》，规范网络支付业务，防范支付风险，保护客户合法权益，促进支付服务创新和支付市场健康发展。

支付基础设施不断完善。一是组织完成第二代支付系统全国推广工作，实现银行机构以法人为单位在支付系统"一点清算"，进一步提高支付清算效率。二是人民币跨境支付系统（一期）正式投产运行，进一步整合现有人民币跨境支付结算渠道和资源。三是完成中央银行会计核算数据集中系统综合前置子系统在北京、上海等23省（市）上线推广工作。全国各类支付系统安全稳定运行，现有各类支付系统共处理支付业务469.48亿笔，金额4 383.16万亿元，同比分别增长53.74%和29.34%。人民银行支付系统①处理支付业务59.96亿笔，金额3 135.25万亿元，同比增长43.31%和27.67%。其中，网上支付跨行清算系统快速增长，处理业务29.66亿笔，金额27.76万亿元，同比分别增长80.92%和56.03%。中国银联、城市商业银行资金清算中心和农信银资金清算中心等清算机构业务规模不断扩大。其中，中国银联银行卡跨行交易清算系统共处理交易206.68亿笔和49.28万亿元，同比分别增长10.68%和19.86%。

中央对手业务稳步推进。一是业务品种不断拓展。银行间市场清算所股份有限公司将场外金融衍生品中央对手业务范围扩展至外汇代理、债券现券和回购及债券远期，进一步提高清算效率，并推出多项大宗商品中央对手清算业

① 包括大额支付系统、小额支付系统、网上支付跨行清算系统、同城清算系统、境内外币支付系统、全国支票影像交换系统。

务，覆盖航运、能源、金属、化工四大领域。中国金融期货交易所新推出上证50股指期货、中证500股指期货和10年期国债期货品种。二是风控措施不断加强。中国金融期货交易所和郑州商品交易所新增国债作为期货保证金，对于促进期货市场价格发现与风险管理功能发挥了积极作用。郑州商品交易所正式上线保证金实时测算和模拟结算系统，可与交易系统实时连接、测算会员资金情况，并根据不同参数设置提供风险预警，提示关注会员资金风险；升级优化银期通系统，实现自动从会员在银行的专用资金账户中划取资金，满足及时追加保证金要求。

证券结算系统运行平稳。中央国债登记结算有限责任公司、银行间市场清算所股份有限公司和中国证券登记结算公司的债券登记、托管和结算业务继续保持增长。全年债券托管总量达到47.90万亿元，同比增长33.48%，其中银行间市场清算所股份有限公司托管的公司债券达10.33万亿元。办理债券现券、借贷和回购交易结算量为674.91万亿元，同比增长88.14%。付款交割（DVP）结算量持续扩大，DVP结算量占市场结算资金总量的99.93%。

继续深化支付结算国际交流与合作。通过支付与市场基础设施委员会（CPMI）、东亚及太平洋地区中央银行行长会议组织（EMEAP）、东南亚中央银行组织（SEACEN）、东盟（ASEAN）10+3等国际组织的交流平台，及时了解和掌握国际行业动态，推动国内相关工作逐步与国际接轨，提高支付结算国际话语权。推动实施《金融市场基础设施原则》，完成金融市场基础设施自评估、监管部门评估，以及《金融市场基础设施原则》实施情况的国际评估工作。

（二）发展展望

下一步，构建更加安全、高效的国家支付体系，进一步提升支付体系对经济社会发展的支撑作用。一是推进支付结算法规制度体系建设，为支付服务市场安全高效运行奠定扎实基础。二是做好支付系统的建设和推广工作，维护系统安全稳定运行。三是加快落实《金融市场基础设施原则》，尽快发布合格金融市场基础设施名单。四是深化支付体系境内外交流，提高对支付结算相关国际事务的参与度。

专栏17　人民币跨境支付系统上线

2009年以来，中国人民银行按照党中央、国务院关于扩大人民币跨境使用的部署，陆续推出一系列政策，便利人民币跨境贸易投资和使用，深化双边货币合作。通过“代理行模式”和“清算行模式”等多种方式支持人民币跨境支付业务。目前，人民币已经成为中国第二大跨境支付货币和全球第五大支付货币，迫切需要建设基础设施支撑业务发展。为满足人民币跨境使用需求，进一步整合现有人民币跨境支付结算渠道，中国人民银行于2012年启动建设人民币跨境支付系统（以下简称CIPS）。

自2014年3月以来，为落实党中央、国务院关于加快CIPS建设的指示精神，中国人民银行决定分两期建设CIPS。一期主要服务于跨境货物贸易和服务贸易结算、跨境直接投资、跨境融资和跨境个人汇款等业务。二期将采用更为节约流动性的混合计算方式，全面支持人民币跨境和离岸业务。

CIPS（一期）于2015年10月8日在上海成功投产。截至2015年12月31日，系统运行平稳，业务处理正常， CIPS参与者包括19家直接参与者和185家间接参与者，覆盖六大洲、50个国家和地区。2015年全年，CIPS累计处理支付业务86 703笔，金额共计4 808.98亿元。日均处理业务1 398笔，金额77.6亿元。

CIPS（一期）主要功能特点包括：一是采用实时全额结算方式处理客户汇款和金融机构汇款业务。二是各直接参与者一点接入，集中清算业务，缩短清算路径，提高清算效率。三是采用国际通用ISO20022报文标准，便于参与者跨境业务直通处理。四是运行时间覆盖欧洲、亚洲、非洲、大洋洲等人民币业务主要时区。五是为境内直接参与者提供专线接入方式。

为培育公平竞争的市场环境，中国人民银行发布了《人民币跨境支付系统业务暂行规则》，规定了参与者准入条件、账户管理要求和业务处理要求等，为CIPS稳定运行奠定制度基础。同时，推动成立了跨境银行间支付清算（上海）有限责任公司，负责独立运营CIPS。该公司接受人民银行的监督和管理。

作为重要的金融基础设施，CIPS符合《金融市场基础设施原则》等国际监管要求。系统的建成运行是我国金融市场基础设施建设的又一里程碑事件，有利于提高人民币跨境结算的效率，支持实体经济和国际经济贸易发展，有力地促进人民币在全球范围内使用，支持“走出去”和“一带一路”战略实施。

二、法律环境

（一）金融法律法规不断健全

出台法律法规。一是在强化国家和公共安全方面，通过《中华人民共和国国家安全法》，明确金融安全在国家安全中的地位，健全金融宏观审慎管理和金融风险防范、处置机制，加强金融基础设施和基础能力建设。通过《中华人民共和国反恐怖主义法》，强化金融客户身份查验、涉恐资产“查冻扣”和反恐怖主义融资规定，加强反恐情报信息和应急处置预案工作。通过《中华人民共和国刑法修正案（九）》，加强对资助恐怖活动、侵犯公民个人信息的规制，调整了伪造货币、走私假币的刑罚适用。二是在完善立法工作方面，修订通过《中华人民共和国立法法》，实现立法与改革决策相适应，为金融立法工作提供保障。三是在推动金融改革方面，修订《中华人民共和国商业银行法》，取消商业银行存贷比限制，激发银行经营活力。修订《中华人民共和国保险法》，对有关人员从业资格和工商登记前置审批等事项进行调整。修订《中华人民共和国证券投资基金法》，取消公募基金管理人高管任职报批的规定。以决定形式授权国务院在北京市大兴区等232个试点县（市、区）、天津市蓟县等59个试点县（市、区）行政区域分别暂时调整实施有关法律中关于耕地使用权不得抵押和宅基地使用权不得抵押的规定，有利于开展“两权抵押”试点，深化农村金融改革创新。通过《存款保险条例》，建立和规范我国存款保险的实施目标、覆盖范围、存款保险基金筹集和管理机制、差别存款保险费率、有限赔付原则等制度和基本规则，明确存款保险制度在投保机构风险处置等方面的地位和作用，有利于保护存款人的合法权益，及时防范和化解金融风险，使我国金融安全网更加完善。发布《国务院关于实施银行卡清算机构准入管理的决定》，明确银行卡清算机构准入事项。发布《国务院关于实行市场准入负面清单制度的意见》，发挥市场在资源配置中的决定性作用，有利于构建开放型经济新体制。

发布司法解释。最高人民法院发布《关于审理民间借贷案件适用法律若干问题的规定》，界定了民间借贷范围，对民间借贷合同、企业间借贷的效力、互联网借贷平台的责任、民间借贷利率等问题作出了规定。发布《关于适用〈中华人民共和国保险法〉若干问题的解释（三）》，对保险合同恢复效力等作出了规定。发布《关于适用〈中华人民共和国行政诉讼法〉若干问题的解释》，规定了行政机关负责人出庭应诉、复议机关作为共同被告等事项，对行政机关依法行政提出更高要求。发布《关于适用〈中华人民共和国民事诉讼法〉的解释》，细化了融资租赁合同、保险合同纠纷管辖规定，明确了金融机构分支机构的诉讼参加人地位和银行卡纠纷适用小额诉讼案件审理程序，完善了银行存款冻结扣划和失信被执行人信息共享规定，进一步保障了当事人的权益。

制定规章办法。人民银行发布部门规章，规范和加强黄金及黄金制品进出口管理，适度放开了黄金及其制品进出口渠道；发布规范性文件，进一步开放银行间市场投资渠道，便利跨境人民币使用与支付，实施平均法考核存款准备金，规范和促进互联网金融健康发展，规范和拓宽信贷资产证券化、绿色金融债券、大额存单业务，加强非银行支付机构网络支付管理，明确金融业企业划型标准等。监管部门发布规章和规范性文件，规范监管部门现场检查、派出机构监管职责等事项，简化和改进行政审批程序，强化商业银行流动性风险管理、特定品种期货交易管理、股票期权交易监管、货币市场基金监管、融资融券业务监管、保险业偿付能力监管，明确行政和解试点、公司债券发行与交易相关规定。

（二）立法展望

2016年，继续改革和完善适应现代金融市场发展的金融监管框架，推进金融体制改革和金融宏观审慎管理制度建设，完善金融法制体系建设，加快《中国人民银行法》、《商业银行法》、《证券法》、《保险法》、《外汇管理条例》、《现金管理暂行条例》的修订工作，积极推动“非存款类放贷组织条例”、“金融统计管理条例”、“支付结算条例”、“私募投资基金管理暂行条例”、“上市公司监督管理条例”、“融资担保公司管理条例”等制定出台。

专栏18　促进互联网金融规范发展

互联网金融是传统金融机构与互联网企业利用互联网技术和信息通讯技术实现资金融通、支付、投资和信息中介等服务的新型金融业务模式。近年来，随着互联网技术、信息通讯技术不断突破，互联网金融呈现快速发展态势，影响日益扩大。党中央、国务院对此高度重视，2014年《政府工作报告》也提出了促进互联网金融健康发展的工作任务。经党中央、国务院同意，2015年7月18日，人民银行会同有关部门发布了《关于促进互联网金融健康发展的指导意见》（以下简称《指导意见》）。

《指导意见》遵循“鼓励创新、防范风险、趋利避害、健康发展”的总体要求，主要内容有：一是提出了一系列鼓励创新、支持互联网金融稳步发展的政策。鼓励互联网金融平台、产品和服务创新，激发市场活力；鼓励从业机构相互合作，实现优势互补；拓宽从业机构融资渠道，改善融资环境。二是分类指导，明确互联网金融监管责任。按照“依法监管、适度监管、分类监管、协同监管、创新监管”的原则，明确了互联网金融各主要业态的监管职责分工，落实了监管责任，明确了互联网支付、个体网络借贷、网络小额贷款、股权众筹融资等互联网金融主要业态的业务边界和底线要求。三是提出了一系列健全制度的具体要求，规范互联网金融市场秩序，为互联网金融健康发展营造良好环境。四是提出了简政放权、完善财税政策和信用基础设施建设等政策安排，培育互联网金融配套服务体系。

《指导意见》的发布为互联网金融下一步发展提出了措施，明确了要求。一是明确了鼓励创新和规范发展并重的互联网金融行业发展思路，制定了多项激励政策和配套服务措施。二是明确了互联网金融各主要业态发展的基本原则和要求，切实防范相关风险。三是确定了互联网金融的监管原则，明确了各主要业态的监管职责分工，促进互联网金融健康发展，更好地服务实体经济。

在配套监管制度方面，按照《指导意见》确定的原则要求，有关监管部门出台配套监管办法，有序推进各项监管工作。2015年7月22日，保监会发布《互联网保险业务监管暂行办法》，规范互联网保险业务；2015年12月18日，证监会和人民银行联合发布《货币市场基金监督管理办法》，对货币市场基金的互联网销售活动与披露提出针对性要求；2015年12月28日，人民银行正式发布《非银行支付机构网络支付业务管理办法》，进一步规范网络支付业务；银监会牵头的《网络借贷信息中介机构业务活动管理暂行办法》和证监会牵头的股权众筹融资试点工作也正有序推进。

在自律管理方面，根据《指导意见》要求，人民银行会同有关部门积极推动中国互联网金融协会组建。2016年3月25日，中国互联网金融协会在上海成立，是互联网金融行业全业态的全国性自律组织，并将在加强行业自律、促进行业规范发展、保护消费者权益、发挥市场主体创新活力等方面发挥积极作用。

三、会计标准

（一）会计标准体系建设进一步完善

一是持续完善企业会计准则体系，解决企业会计准则在执行中出现的问题，实现企业会计准则与国际财务报告准则持续趋同和等效。清理会计规范性文件，《信托业务会计核算办法》等39项文件被废止或自动失效；发布《企业会计准则解释第7号》、《企业会计准则解释第8号》、《商品期货套期业务会计处理暂行规定》以及《企业会计准则第14号——收入》（征求意见稿），启动金融工具相关会计准则的修订。二是全面推进建设权责发生制政府综合财务报告制度，发布《财政总预算会计制度》、《政府会计——基本准则》，并就存货等4项政府会计具体准则征求意见。三是进一步扩大可扩展商业报告语言（XBRL）技术的运用，发布《2015版企业会计准则通用分类标准》，持续推进通用分类标准在各类企业的实施。

（二）发展展望

一是持续推动《会计法》修订，为全面深化会计改革奠定法律基础。二是关注新发布的相关国际财务报告准则，继续做好企业会计准则修订与完善。适时启动租赁、保险合同等相关准则修订工作。深入研究企业会计准则执行中出现的新情况、新问题，适时制订企业会计准则解释，推动准则有效实施。三是进一步完善政府会计准则体系，研究制订政府会计制度，努力推进政府会计准则制度建设和权责发生制政府综合财务报告制度改革。四是加强管理会计指引体系与内部控制规范体系建设，提升企业内部治理能力和风险防范水平。五是加强会计信息化建设，推进通用分类标准在各领域的应用，制订会计软件数据接口国家标准。六是不断加大参与国际会计准则的制定与修订的力度，加强与国际会计准则理事会在准则项目层面的技术交流。

四、信用环境

（一）征信业发展和社会信用体系建设有序推进

出台《征信机构监管指引》，征信监管制度进一步细化。2015年10月，人民银行印发《征信机构监管指引》，按照“依法合规、权益保护、全面覆盖”的监管原则，对征信机构的许可和备案程序、个人征信机构保证金管理、非现场监管、现场检查等征信机构整个业务生命周期的监管内容、措施和程序作出具体规定。《征信机构监管指引》的颁布，进一步细化和补充了《征信业管理条例》和《征信机构管理办法》，有助于及时发现、解决征信机构运行过程中的问题，实现对征信机构的精细化管理。

强化监督管理，征信市场规范发展。组织开展金融信用信息基础数据库接入机构的征信业务现场检查，从严排查信息泄露风险，严肃查处征信违规事件。积极受理征信业务投诉，维护信用信息主体权益。2015年累计受理征信投诉 162笔，办结率100%。稳妥推进个人征信机构许可和企业征信机构备案工作，制定征信机构统计报告制度，排查未经申请从事个人征信业务的机构，规范征信市场运行秩序。

加强事中事后管理，培育和规范信用评级市场。逐步规范和细化信用评级机构备案程序，完善信用评级统计动态监测与分析，开展信用评级违约率检验，进一步丰富事中事后监管手段，着重加强对执业不规范、违约率整体水平较高的评级机构的检查力度，实现对信用评级机构的分类管理，培育和规范信用评级市场发展。截至2015年末，在人民银行备案法人信用评级机构112家、非法人信用评级机构80家。2015年，信贷市场和债券市场完成信用评级业务2.83万笔。在全国范围内推进小额贷款公司和融资性担保机构两类机构信用评级工作，重点建立健全这两类机构信用评级工作长效机制、强化信用评级结果运用，促进小额贷款公司和融资性担保公司健康发展，防范金融风险。截至2015年末，共完成882家小额贷款公司和1 772家融资性担保公司信用评级。

社会信用体系建设统筹推进。社会信用体系建设部际联席会议各成员单位积极推进本部门、本行业的信用记录和数据库建设，加强信用信息公开和在行政履职中对信用信息的应用。各成员单位之间签署信息尤其是失信信息的共享协议或备忘录，形成对失信行为的联合惩戒机制，发挥对失信行为的威慑作用，如国家税务总局等21个部门签署了《关于对重大税收违法案件当事人实施联合惩戒措施的合作备忘录》，工商总局等38个部门签署了《失信企业协同监管和联合惩戒合作备忘录》。推进信用信息共享交换平台、信用中国网站建设，促进部门信用信息共享、社会公开查询，为社会获取信息提供更加便捷的渠道。

中小企业和农村信用体系建设取得新成效。发布《关于全面推进中小企业和农村信用体系建设的意见》、《中小企业信用信息指标》和《农户信用信息指标》，全面部署、规范中小企业和农村信用体系建设。推动中小企业和农村信用信息数据库建设，建立健全中小微企业和农户的信息征集、信用评价和信息应用机制，帮助信用良好的中小微企业、农户获得融资便利、降低融资成本。截至2015年底，全国共为约259万户中小企业和1.59亿农户建立了信用档案，在地（市、县）层面建立了200多个中小企业、农户信用信息数据库。

征信宣传教育深入开展，促进社会信用意识提升。2015年9月，人民银行、国家发展改革委、教育部、共青团中央联合印发《关于进一步做好诚信文化教育工作的通知》，合力积极推动诚信文化教育，并将征信知识纳入国民教育体系。在全国范围内开展以“加强征信宣传教育，提升国民信用水平”为主题的征信专题宣传活动，据不完全统计，专题宣传活动覆盖97%以上的金融机构网点、征信机构和评级机构，辐射各级政府部门2 580家、各大院校2 200所，累计受众达4 500万人次。

（二）发展展望

下一步，继续推进征信管理法规与征信标准规范研究制订工作，不断加强征信机构监管和信用评级事中事后管理，维护信用信息主体和市场主体合法权益，以规范促进市场健康发展。健全社会信用体系建设部际联席会议机制，扎实推进社会信用体系建设，大力开展中小企业和农村信用体系建设，支持中小微企业、农户融资发展。以诚信文化为重点，开展形式多样的征信宣传教育活动，促进社会信用意识提升。

五、反洗钱

（一）反洗钱改革发展稳步推进

启动应对金融行动特别工作组（FATF）第四轮反洗钱互评估准备工作。按照FATF标准和评估方法组织开展自评估，全面梳理我国反洗钱和反恐怖融资工作现状以及与国际标准的差距，研究制定应对评估工作方案，组织开展并完成首份国家洗钱风险评估报告。

加强反洗钱监督管理。开展对大型商业银行和支付机构的反洗钱检查，全面检查法人义务机构反洗钱内控制度建设、客户身份识别、客户身份资料与交易资料保存、大额可疑交易识别分析与报告等方面履行义务情况，系统检查其反洗钱制度、流程和业务系统方面存在的问题，促进全行业进一步提高反洗钱工作水平和洗钱风险防控能力。

持续开展反洗钱调查工作。全年接收可疑交易线索数量、开展调查数量、移送线索数量以及协助侦查机关调查数量、协助破获案件数量等增长幅度较大。针对涉众型经济犯罪中冒用他人身份证件开立银行账户情况、聋哑人群体受人指使集中开立账户现象、恐怖融资新趋势和新情况等印发洗钱风险提示，指导金融机构加强客户身份识别和可疑交易报告工作。配合开展“打击利用离岸公司和地下钱庄转移赃款专项行动”，取得良好成效。

继续深度参与反洗钱国际合作。参与FATF、欧亚反洗钱和反恐怖融资组织（EAG）、亚太反洗钱和反恐怖融资组织（APG）等反洗钱国际（区域）组织各项工作，推动反洗钱双边合作。人民银行与澳门金融管理局签署了《防范洗钱与恐怖融资活动谅解备忘录》，中国反洗钱监测分析中心与美国金融犯罪执法局等多个国家的对口机构签署了《关于反洗钱和反恐怖融资信息交换合作谅解备忘录》，反洗钱监管与信息合作网络进一步健全。

（二）发展展望

下一步，继续完善反洗钱、反恐怖融资体制机制，结合应对FATF第四轮互评估工作需要，加快推进反洗钱制度建设，坚持依法行政，进一步提高反洗钱监管水平，突出反洗钱调查工作重点，深入推进反洗钱国际合作。

六、金融消费权益保护

（一）金融消费权益保护工作扎实推进

一是法律法规制定工作取得重要进展。2015年11月13日，国务院出台《关于加强金融消费者权益保护工作的指导意见》，建立健全金融消费者权益保护监管机制和保障机制，规范金融机构行为。二是金融知识普及继续推进，开展消费者金融素养调查等多种金融知识普及活动，定期发布金融消费者金融素养调查报告。三是普惠金融工作有序开展，起草《推进普惠金融发展规划（2016-2020年）》，推动多地开展普惠金融试点工作，初步建立具有中国特色的普惠金融指标体系。四是监督检查工作体系不断完善，探索建立金融消费权益保护典型案例库和案例通报制度，依据人民银行现有的法律法规，从保护金融消费者角度，开展相关检查和评估，引导金融机构认真整改、加强管理、规范行为、防范风险，依法处理部分金融机构侵犯消费者权益的违法违规行为。五是多元化纠纷解决渠道逐步建立。“12363金融消费权益保护咨询投诉电话”运行平稳，金融消费者权益保护信息管理平台系统试运行，部分省市金融消费纠纷第三方非诉解决机制试点工作进展顺利。

（二）发展展望

下一步，研究制定《关于加强金融消费者权益保护工作的指导意见》实施细则。继续做好“3·15金融消费者权益日”和“9月金融知识普及月”活动，建立健全消费者金融素养问卷调查制度。落实《推进普惠金融发展规划（2016–2020年）》相关内容，推动出台相应的具体政策和措施。结合金融市场的发展趋势，围绕金融消费者投诉比较集中以及社会关注度高的领域，统筹安排，开展专项检查工作。继续加强“12363金融消费权益保护咨询投诉电话”的属地管理，提高金融消费者满意度。积极参与国际交流，全力做好全球普惠金融伙伴关系（GPFI）2016年主席国相关工作。

第八章

宏观审慎管理

2015年，国际社会继续完善宏观审慎政策框架，持续推动宏观审慎政策的有效运用。中国不断强化宏观审慎管理，建立宏观审慎评估体系，健全金融监管协调机制，有效实施逆周期宏观调控，加强系统性风险监测评估，加强对系统重要性金融机构的监管，牢牢守住不发生系统性区域性金融风险的底线。

一、国际组织加强宏观审慎管理的进展

（一）构建稳健的金融机构

继续完善政策框架。巴塞尔银行监管委员会（BCBS）制定的巴塞尔协议Ⅲ是构建稳健金融机构的核心内容。2015年，巴塞尔协议Ⅲ政策框架进一步完善：一是修订信用风险标准法和内部评级法，对内部模型的使用施加限制，以降低风险加权资产计量差异性。二是修订完成市场风险框架，并开展定量影响测算。三是简化操作风险资本计量框架，取消操作风险高级法，基于银行业务收入和操作风险历史损失制定标准计量法。四是完成杠杆率的最终校准，探讨是否应对全球系统重要性银行（G-SIBs）设置更高杠杆率要求。五是开展资本下限的研究制定工作。上述工作均将于2016年底前完成。

推动执行巴塞尔协议Ⅲ。BCBS于2015年10月发布的执行进展报告显示，所有BCBS成员经济体均已执行巴塞尔协议Ⅲ风险资本要求，绝大多数成员经济体已执行流动性覆盖比率要求，19个成员经济体已执行杠杆率要求，以G-SIBs母国①为主的20个成员经济体已发布G-SIBs监管要求。同时，BCBS对成员经济体政策执行情况进行持续监测。BCBS已完成了22个成员经济体关于风险资本要求的监管一致性评估（RCAP），涵盖了所有G-SIBs母国，并计划于2016年9月底之前完成对所有成员经济体关于风险资本要求的RCAP。

（二）强化对系统重要性金融机构的监管

更新G-SIBs名单。2015年11月，金融稳定理事会（FSB）公布了基于2014年末数据测算的G-SIBs名单，30家银行入选（见表8-1），数量与2014年相同。其中，苏格兰皇家银行（RBS）由第二组降至第一组；西班牙对外银行（BBVA）被剔出名单；中国建设银行首次入选，与中国银行、中国工商银行和中国农业银行均列系统重要性程度最低的第一组，附加资本要求为1%。每年11月G-SIBs名单更新后，当选的G-SIBs将于14个月后的一月份开始实施更高的资本要求。

① 目前G-SIBs的母国有中国、美国、法国、德国、意大利、荷兰、西班牙、英国、日本、瑞士和瑞典。

表8-1　　全球系统重要性银行

组别（附加资本要求）	全球系统重要性银行
5（3.5%）	空
4（2.5%）	英国汇丰银行
	美国摩根大通集团
3（2.0%）	英国巴克莱银行
	法国巴黎银行
	美国花旗银行
	德意志银行
2（1.5%）	美国银行
	瑞士信贷
	美国高盛集团
	三菱日联金融集团
	美国摩根斯坦利集团
	中国农业银行
1（1.0%）	**中国银行**
	纽约梅隆银行
	中国建设银行
	法国大众储蓄银行集团
	法国农业信贷银行
	中国工商银行
	荷兰商业银行
	日本瑞穗实业银行
	北欧联合银行
	苏格兰皇家银行
	西班牙桑坦德银行
	法国兴业银行
	渣打银行
	美国道富银行
	日本三井住友金融集团
	瑞士联合银行
	意大利联合银行
	美国富国银行

资料来源：FSB《2015年全球系统重要性银行名单更新》，2015年11月。

更新全球系统重要性保险机构（G-SIIs）名单。FSB会同国际保险监督官协会（IAIS）于2013年7月联合发布首批G-SIIs名单，全球共9家保险公司被认定为G-SIIs，其中包括我国平安保险集团。2015年，IAIS根据2014年末数据开展评估，荷兰全球人寿保险集团（Aegon）新加入名单，意大利忠利保险集团（Generali）被剔出名单，仍有9家保险公司被评为G-SIIs（见表8-2）。此外，IAIS修订了G-SIIs评估方法，新方法将在2016年使用。

表8-2　全球系统重要性保险机构

荷兰全球人寿保险集团
德国安联集团
美国国际集团
英国英杰华集团
法国安盛集团
美国大都会集团
中国平安保险集团
美国保德信集团
英国保诚集团

资料来源：FSB《2015年全球系统重要性保险机构名单更新》，2015年11月。

制定G-SIIs资本要求。2013年，IAIS发布首批G-SIIs名单后开始组织制定对G-SIIs的资本要求，提出“三步走”计划。第一步是针对G-SIIs所有业务，制定基础资本要求（BCR）；第二步是在BCR基础上，针对其非传统非保险业务，提出更高的资本损失吸收能力（HLA）要求；第三步是针对国际活跃保险集团，制定基于集团风险评估的全球保险资本标准（ICS），增强不同国家和地区间资本要求的可比性。其中，BCR相关标准已于2014年10月正式发布，于2015年开始实施。2015年10月，IAIS正式发布HLA标准，其主要目标是降低G-SIIs陷入危机或倒闭的概率及其对金融体系的影响，预计将于2019年实施，届时G-SIIs持有的监管要求资本将不低于BCR与HLA要求资本之和。

（三）推动有效处置机制建设

制定总损失吸收能力（TLAC）要求。2013年，FSB发布的《关于解决“大而不能倒”问题的下一步工作安排》指出在有序处置G-SIBs过程中应保持充足的损失吸收能力，把对金融稳定的影响降到最低。为此，FSB于2014年11月10日发布TLAC要求征求意见稿，同时会同BCBS和国际清算银行（BIS）

开展了一系列定量影响分析（QIS）和市场调研。2015年11月9日，TLAC要求最终发布。

专栏19　全球系统重要性银行总损失吸收能力要求发布

2015年11月9日，FSB正式发布针对G-SIBs的TLAC要求，旨在确保G-SIBs无论在正常经营还是经营失败时，都能拥有较充足的资本和合格债务工具来吸收损失、抵御风险，避免动用纳税人资金，并维持银行核心服务功能的连续性和金融系统稳定性。

TLAC框架主要内容包括：一是设置全球统一的TLAC最低要求，分两步实施。除新兴市场经济体外的G-SIBs，2019年初的TLAC应达到风险加权资产的16%和杠杆率分母的6%，2022年初达到风险加权资产的18%和杠杆率分母的6.75%。如果再加上现行的2.5%储备资本要求和1%-2.5%的系统重要性附加资本要求，2019年初的总要求为风险加权资产的19.5%-21%，2022年初的总要求将达到风险加权资产的21.5%-23%。二是TLAC工具包括资本和合格债务工具。合格债务工具剩余期限应在1年以上，能够减记或转换为普通股，清偿顺序排在存款等一般债权之后。在银行破产清算时享有优先受偿权的负债不能作为TLAC工具，包括存款、应付税金等。建议合格债务工具至少占TLAC工具的三分之一。三是由银行缴费设立、事先承诺可用于G-SIBs资产重组、且该承诺没有金额限制的存款保险基金可计入TLAC，但有一定的规模限制。四是为降低风险在银行体系内的交叉传染，银行投资G-SIBs发行的TLAC工具，需要从自身资本中进行扣减。

由于新兴市场经济体在G-SIBs资产结构、融资来源和全球化程度等方面，以及债券市场发展阶段方面与发达市场存在差异，因此可延后实施TLAC要求。具体规定如下：一是分两步实施，2025年初达到风险加权资产的16%和杠杆率分母的6%，2028年初达到风险加权资产的18%和杠杆率分母的6.75%。二是2020年底前，若新兴市场经济体公司债（扣除政策性金融债）/GDP达到55%，应在达到时点起的3年内开始实施TLAC要求。三是FSB将于2019年对公司债/GDP的阈值进行评估。

推进G-SIBs有效处置机制建设。2015年，G-SIBs的危机管理小组（CMGs）在继续完善恢复和处置计划（RRP）的基础上，着力推动跨境合作协议（COAGs）的签订，13家G-SIBs的CMGs签署了COAGs，对危机中母国和东道国跨境协作、信息共享以及可处置性评估（RAP）的具体程序等进行了详细规定。同时，29家G-SIBs（基于2013年名单）中的28家完成了第一轮RAP，评估显示，G-SIBs在可处置性方面面临若干制约因素，包括处置中的资金和流动性安排不充分、机构的复杂性和关联性较高、处置中难以持续接入支付清算系统等关键金融基础设施、处置行动的跨境认可度不够等。

推进G-SIIs有效处置机制建设。大多数G-SIIs已经成立CMGs并制定RRP，但制定RRP的可操作性处置策略方面的工作有待进一步推进。为此，FSB会同IAIS于2015年11月发布了《关于制定G-SIIs有效处置策略的指引（草案）》，规定了制定保险机构处置策略时的处置权力安排、应进行的基础性分析等技术细节，有效补充了2014年10月发布的《金融机构有效处置机制核心要素》（以下简称《核心要素》）保险业附录，详细解读了《核心要素》在保险业领域如何落实。

提高处置行动的跨境有效性。FSB于2015年11月发布了《处置行动跨境有效性的指导原则》，对法定式认可框架与合约式认可机制的关键要素进行了规范。此外，国际掉期与衍生品协会（ISDA）已制定了适用于场外（OTC）衍生品合同的提前终止权暂停协议，目前正在研究将金融合同提前终止权暂停协议由OTC衍生品交易扩展至融券交易（SFT）。所有G-SIBs将于2016年底开始采用扩展后的ISDA金融合同提前终止权暂停协议。

推动《核心要素》的实施。FSB一直致力于对处置机制改革进展进行监测，并于2015年开展了处置机制第二轮专题同行评估。评估结果显示，包括G-SIBs母国在内的部分FSB成员经济体建立了与《核心要素》基本一致的处置机制；暂停提前终止权以及减记或转股两项处置权力的缺失情况在FSB成员经济体中最为普遍；多数成员经济体的处置机制广泛针对所有类型的商业银行，但对银行控股公司、国外银行分支机构以及金融集团中不被监管实体的处置机制建设相对不足。此外，FSB正在会同支付和市场基础设施委员会（CPMI）、国际存款保险协会（IADI）、IAIS和国际证监会组织（IOSCO）继续完善《核心要素》评估方法，相关工作预计于2016年完成。

（四）加强影子银行体系监管

持续监测。2015年11月，FSB基于2014年末数据发布《2015年全球影子银行监测报告》。此次监测报告涵盖26个经济体（首次纳入爱尔兰，并将欧元区视作一个整体），覆盖了全球GDP的81%，全球金融资产的89%。本次报告较以往报告在监测方法上有所改进。**一是**引入了基于影子银行活动的“经济功能”评估法，将影子银行基于其经济功能分为五类，以便更好地识别不同种类影子银行活动导致的金融风险。**二是**对非银行金融创新进行了广泛监测，将保险机构和养老基金纳入了广义估算口径的全体非银行金融中介监测规模①（MUNFI）。广义估算结果显示，2014年末全球影子银行规模达137万亿美元，较上年增长9%，约占监测经济体GDP的128%和金融资产的40%，其中OFI部分达到80万亿美元。狭义估算结果显示，26个经济体影子银行规模达36万亿美元，相当于监测经济体GDP的59%和金融资产的12%，80%以上集中于北美、亚洲和欧洲的发达经济体中，其中美国影子银行规模最大，占总规模的40%，英国次之，占总规模的11%。

加强影子银行监管。FSB和标准制定机构（SSBs）从五个方面加强影子银行监管政策的制定与执行。**一是**降低传统银行与影子银行之间的关联性，继续研究扩展银行并表范围，将银行的表内表外业务均纳入审慎监管框架。同时，还就银行对股权基金的投资提出了风险敏感资本要求，并限制银行对单一交易对手方的大额风险敞口。**二是**进行货币市场基金（MMF）监管改革，稳步推进成员经济体在明确监管范围、限制MMF可持有资产种类、估值改革、流动性管理、固定资产净值改革、MMF行业评级、信息披露、MMF与回购的关系等八大领域落实改革要求。**三是**改善资产证券化的激励机制。2015年6月，BCBS和IOSCO联合发布了《简单、透明、具有可比性的资产证券化判断标准》，提高资产证券化的标准化水平和信息透明度。**四是**降低证券融资交易的顺周期性及其他风险。2015年11月，FSB公布了非集中清算证券融资交易的折扣率监管框架修订版，将原框架的适用范围由银行对非银行业务拓展到非银行实体间的业务，并将框架落实时间延后至2018年底。**五是**开展除货币市场基金外的其他影子银行实体专题同行评估，监测成员经济体落实政策框架的情况。

（五）推动场外衍生品市场改革

2015年，场外衍生品改革稳步推进。**在执行国际准则方面，**目前几乎所有FSB成员经济体已落实了交易信息报送要求和非集中清算场外衍生品的更高资本要求，覆盖了其90%以上的场外衍生品交易。12个成员经济体建立了集中清算框架，8个成员经济体建立了平台交易框架。但多数成员经济体在执行非集中清算场外衍生品的保证金要求方面还处于起步阶段。**在跨境协调方面，**为

① “全体非银行金融中介监测规模”为《2015年全球影子银行监测报告》使用的新广义统计口径，较2014年广义口径“其他金融中介”（OFI）有所扩大，包括金融机构中不属于银行、公共金融机构、中央银行和金融附属机构的部分，即2014年报告中的OFI口径加上保险公司和养老基金。

应对各经济体实施改革进程不同步、监管存在不协调和缺口的问题，IOSCO于2015年9月发布了指导文件，帮助各经济体间协调跨境监管工作。

（六）中央交易对手方改革

IOSCO、CPMI和FSB等国际组织一直致力于提高中央交易对手方（CCP）的稳健性和可恢复处置能力。**在提高CCP稳健性方面，**重点评估CCP开展压力测试的必要性，并进一步研究一致、可比的CCP压力测试设计框架。**在完善CCP恢复计划方面，**总结现有CCP恢复计划的不同机制和损失吸收工具安排，并研究发布更详细的CCP恢复计划指引文件，以防止CCP采取恢复计划中的行动时对金融体系的其他部分产生外溢风险。**在提高CCP可处置性方面，**总结现有CCP处置计划的不同机制安排，研究制定CCP处置计划指引文件以规范处置策略、处置工具和处置行动的跨境认可等事项，并对CCP处置的事前资金来源和流动性安排开展评估。**此外，**BCBS、CPMI、FSB和IOSCO正在研究CCP和主要清算成员间的相互依赖性及其潜在系统性影响。

（七）减少不当行为风险

金融机构中的不当行为近年来有所加剧，已经达到了可能损害金融机构和金融市场信誉、引发系统性风险的程度。2015年，FSB积极开展各项工作降低市场不当行为相关风险。**一是**推进薪酬制度改革以及风险管理和风险文化改革，从激励机制层面防范不当行为风险。**二是**针对近期固定收益、货币和商品期货（FICC）市场的一系列丑闻，英国和欧盟发布相关文件规范FICC市场行为，不断改进基准汇率计算方式；EURIBOR、LIBOR、TIBOR等市场主要基准利率的管理机构正对基准利率的定义和确定方法进行评估，并通过加强信息收集等方式使基准利率更加基于真实交易数据。**三是**IOSCO通过《关于协调合作和信息共享谅解备忘录（MMoU）》加强行为监管协调多边合作，目前共有105个缔约方加入MMoU。

（八）其他

除上述改革领域外，其他领域改革进程也在2015年持续推进。**一是**BIS设立国际数据中心，负责收集和共享各国G-SIBs数据，弥补数据缺口的工作已经基本完成。**二是**几乎所有FSB成员经济体都对信用评级机构（CRA）提出了注册和监管要求，但降低对CRA依赖的工作仍有待进一步推进。**三是**美国会计准则和国际会计准则分别继续推进预期损失计提要求，FSB要求双方应致力于两套会计准则的趋同。**四是**全球法人机构识别编码（LEI）体系运行良好，截至2015

年末，共有26个经济体取得发码资格，超过41万个机构申请获得LEI编码。

专栏20 国际货币基金组织发布《宏观审慎政策指引》

2014年末，国际货币基金组织（IMF）发布《宏观审慎政策指引》，就宏观审慎政策操作进行说明，提出一系列宏观审慎政策工具及监测指标，并明确建立宏观审慎政策框架遵循的原则。

宏观审慎政策操作。报告认为应从时间和跨行业的维度对系统脆弱性进行分析，根据脆弱性来源制定宏观审慎政策。报告针对不同脆弱性来源，提出收紧或放松宏观审慎政策工具的监测指标（见表8-3），同时辅以市场信息、监管评估和压力测试等进行判断。报告进一步提出为高效运用宏观审慎政策工具，应根据风险性质和程度、工具效用和潜在成本，选择并对多个工具排序，在效益和执行成本之间取得平衡，阶梯式实施。此外，还需加强公开交流，提高公众对宏观审慎措施必要性的理解。

宏观审慎政策工具及作用机制。报告提出了一般性、住户部门、企业部门、流动性等四大类宏观审慎政策工具。其中，一般性、住户部门、企业部门等工具强调在经济上行期通过增加资本要求、限制贷款规模或控制债务人偿付能力等措施，增强银行体系抗风险能力，应对过度放贷所引发的系统脆弱性（见表8-3）；流动性工具强调通过持有足够流动性资产、限制银行通过非核心负债为非流动性资产融资等措施，避免资金市场对银行体系流动性造成冲击。在紧缩阶段或系统性风险降低时，监管当局放松相关宏观审慎政策工具，打破恶性循环或维护金融平衡，但放松时需考虑审慎监管的底线，以确保系统面对未来冲击时仍具有一定抗风险能力。

表8-3 宏观审慎政策工具及监测指标

工具类型	工　具	监测指标	
		收　紧	放　松
一般性工具	逆周期资本缓冲（CCB） 杠杆率 动态贷款损失拨备（DPR） 信贷增长上限	信贷/GDP缺口	资产负债表承受压力下的高频指标，如银行CDS息差扩大 贷款利率/利差扩大 信贷增长放缓 违约率和不良贷款上升 贷款调查显示信贷供给恶化

续表

工具类型	工　具	监测指标	
		收　紧	放　松
住户部门工具	增加对该部门的资本要求 贷款价值比（LTV） 偿债收入比（DSTI）	住户贷款增长率 住房价格上涨（名义和实际增速） 房价/租金比和房价/可支配收入比 住户部门贷款占总贷款比重上升	房价下降 房地产交易减少 住户贷款利差增加 抵押支持证券价格下降 净住户贷款增长放缓 新住户贷款增长放缓 住户不良贷款上升
企业部门工具	企业贷款的风险权重 贷款增长上限 贷款集中度限制	企业贷款增长率 企业贷款占总贷款比重的增长 商业不动产价格上涨 商业房地产信贷增长 外汇贷款占比上升	公司信用违约掉期息差，债券收益率等高频指标 贷款利率/利差增加 公司贷款增长放缓 公司违约率/不良贷款上升 贷款调查显示出信贷供给不断恶化
流动性工具	流动性缓冲要求 稳定来源资金要求 流动性费用 准备金要求 外汇头寸限制 外币资金限制 针对非银行机构的工具	贷存比增长情况 非核心融资占总负债比重上升	银行间利率与掉期利率的利差扩大 零售市场融资成本上升 对中央银行流动性窗口的依赖增加 本货与外币掉期利率 总资本流入逆转

资料来源：国际货币基金组织。

建立宏观审慎政策框架遵循的主要原则。报告认为，建立有效的宏观审慎政策框架，降低金融危机的发生频率和严重程度，需遵循以下原则：一是行动意愿原则。为保证“行动的意愿”，应通过法律明确宏观审慎政策框架的目标，建立一个包括多个交流工具的问责制框架，建立专门的金融稳定部门，分析系统性风险，开发和监测适用于本国的核心指标，为宏观审慎决策者提供建议，中央银行需在宏观审慎政策中发挥重要作用。二是行动能力原则。宏观审慎政策制定者应有信息获取权、调整监管政策权、系统重要性机构认定权等。三是风险评估和防范等方面的协作原则。货币政策和宏观审慎决策主体的成员可重叠，以促进货币政策与宏观审慎政策的协调；危机时期需建立专门制度安排，以促进宏观审慎职能与危机管理职能的协调。

制定宏观审慎政策时的其他考虑因素。一是数据可获得性和监管能力，这是有效使用宏观审慎政策工具的前提条件。二是债务水平的影响，以分析信贷/GDP比率为起点，即使信贷增长缓慢，也可能需要宏观审慎措施。三是经济结构的影响，一些低收入国家的经济多元化程度较低，经济和金融体系更易遭受商品价格波动引发的外部冲击，需实施超过国际最低标准的永久性的资本缓冲标准。四是资本账户的自由化程度，资本账户自由化会增加一国金融业对国际金融体系的敞口，使货币政策自主性下降，增加了宏观审慎政策的需要。五是当金融体系规模大、关联性高时，需要采取更多维度的结构化宏观审慎政策工具。

二、主要国家和地区加强宏观审慎管理的进展

（一）美国

继续开展系统性风险监测和评估。金融稳定监督委员会（FSOC）履行识别和防范系统性风险职责，于2015年5月发布年报，评估美国金融稳定面临的风险隐患，主要包括：网络攻击威胁金融核心数据、系统安全和正常业务运营；利率水平迅速提高可能导致银行长期资产损失、杠杆投资者抛售和资产价格进一步下跌；科技、监管、竞争等因素正在改变金融市场结构，进而影响市场流动性、市场功能发挥并加大操作风险；系统重要性中央对手方的监管规则和风险管理水平有待完善和提升。

提高系统重要性金融机构审慎监管标准。2015年7月，美联储通过美国G-SIBs附加资本规定，从2016年1月1日至2019年1月1日逐步实施。以2014-2015财年数据测算，美国8家G-SIBs的附加资本要求为1%-4.5%。2015年7月，美联储发布针对通用电气资本公司（GECC）的审慎监管标准，分两个阶段实施。自2016年1月1日起，GECC需要遵守与大型银行控股公司类似的资本、杠杆率、流动性覆盖率等监管规定及相关报告要求；2018年1月1日前，如GECC仍被FSOC认定为系统重要性非银行金融机构，还需满足流动性风险管理、总体风险管理、资本规划、压力测试、关联交易限制、公司治理等监管要求。2015年10月，美联储提出G-SIBs总损失吸收能力（TLAC）监管新规，拟要求美国8家G-SIBs在2022年1月1日前将TLAC提高到风险加权资产的18%或以上，并且TLAC中必须包含一定规模的合格债务工具。2015年8月以来，美联储进一步强化大型金融机构支付系统监管，检查支付系统建设及人员配备情况，并要求加大资金流动监测力度。

加大监管力度并提高金融市场透明度。2015年4月，美国证券交易委员会（SEC）发布新规，要求所有高频交易公司向美国金融业监管局（FINRA）注册成为会员，并向FINRA提交定单追踪系统报告，以确保电子交易安全性。2015年9月，SEC发布“共同基金与交易所交易基金流动性监管”征求意见稿，拟设立3个工作日流动性资产最低标准，并强化董事会的流动性风险管理、评估和审查职责。2015年11月，SEC对黑池交易平台（Dark Pools）提出填报另类交易系统表格（ATS-N）等更多信息披露要求。

适当约束紧急贷款权力。2015年11月，美联储发布紧急贷款使用最终细则，对其贷款权力作出一定限制：贷款项目要有“广泛适用性”和五个以上合格参与者，且需经财政部长批复同意；紧急贷款计划有效期一年，拥有逾期90天未偿还债务或者有意将贷款转让给无偿还能力公司的企业不得申请，如提供虚假材料，美联储将附加惩罚性利率并要求提前全额偿还。

（二）英国

进一步深化金融监管体制改革。2015年，英国当局对改革后的金融监管体系进行了全面审视，于2015年7月发布了《英格兰银行议案：技术咨询稿》，拟进一步深化金融监管体制改革，调整金融监管架构。**一是**将审慎监管局（PRA）完全合并至英格兰银行内部，同时设立新的审慎监管委员会（PRC），与货币政策委员会（MPC）、金融政策委员会（FPC）同时作为英格兰银行的直属委员会，以进一步理顺审慎监管局与英格兰银行的关系，增强货币政策、宏观审慎管理和微观审慎监管之间的协调。**二是**改善央行治理，精简英格兰银行董事会并加强其职能，有效降低行政成本，提高运转效率。增强央行决策的透明度，强化问责机制，首次将英格兰银行纳入国家审计办公室审计范围。**三是**加强英格兰银行与财政部之间的信息共享，完善危机管理和处置机制，避免纳税人承担损失，防范道德风险。

细化宏观审慎政策。2015年， FPC继续履行宏观审慎管理职责。**一是**发布补充资本要求的政策说明，明确对所有银行、建筑协会和大型投资公司实施逆周期资本要求，并可对住宅、商业地产、其他金融业等实施不同的行业资本要求，以更有针对性地对特定领域的风险敞口提高资本要求。目前FPC规定的逆周期资本缓冲率为0。**二是**发布杠杆率工具的政策说明，提出三种杠杆率要求，包括对所有银行、建筑协会和PRA监管的投资公司实施的最低杠杆率要求和逆周期杠杆率缓冲要求，以及对英国的G-SIBs和D-SIBs、建筑协会和PRA监管的投资公司实施的额外杠杆率缓冲要求。杠杆率要求、风险加权资本要求以及压力测试共同构成了英国银行业的资本监管框架。**三是**发布贷款价值比（LTV）和债务收入比（DTI）工具的政策说明。FPC指导PRA和金融行为局（FCA）对金融机构发放的高贷款价值比和债务收入比的住房抵押贷款进行限制。

开展压力测试。英格兰银行于2015年3月对银行体系开展了压力测试，测试对象为7家大型银行和建筑协会，其贷款规模占全部贷款的70%。测试结果显示，基于2014年末的数据，在压力情景下，巴克莱银行、汇丰银行、劳埃德银行、国民建筑协会和桑坦德银行等5家银行没有出现明显的资本不足。苏格兰皇家银行和渣打银行在压力情景下一级资本充足率分别为6.1%和5.4%，低于各自的资本充足要求，但考虑到两家银行近期已经采取的资本强化措施，以及未来拟进一步发行额外一级资本的计划，审慎监管局决定暂不要求其提交资本补充计划。为完善压力测试框架，英格兰银行在2014年和2015年压力测试实践的基础上，于2015年10月发布了《英格兰银行体系压力测试方法》，将每年针对银行体系开展一次并行性压力测试（Concurrent Stress Test），压力情景分别为周期性情景（cyclical scenario）和探索性情景（exploratory scenario）。

（三）欧盟

推动政策制定及执行。欧洲系统性风险委员会（ESRB）加强对欧盟成员国主权债务风险的监测和评估，继续指导欧盟监管部门实施宏观审慎政策和工具，推动落实欧盟金融监管稳健性标准，防范化解系统性金融风险。**一是**发布《主权风险敞口监管对策报告》，系统讨论了金融机构主权风险敞口过度可能造成的影响，提出资本、风险集中度、流动性、信息披露等方面的要求。**二是**设置压力情景，指导欧洲银行业监管局（EBA）与欧洲保险和职业养老金监管局（EIOPA）对欧洲银行业和保险业进行压力测试，改善银行业市场估值，推进偿付能力二代标准实施。**三是**推动宏观审慎政策工具实施。指导成员国实施逆周期资本缓冲和资本留存缓冲，提升风险资本权重，采取贷款价值比（LTV）、贷款收入比（LTI）、偿债收入比（DSTI）等约束指标，缓解银行信贷增速过快和杠杆率过高风险，防范房地产市场风险。同时，关注成员国宏观审慎政策的跨境溢出效应，促进监管互认和政策协调。

发布其他系统重要性金融机构（O-SIIs）评估指引。EBA制定并发布O-SIIs评估指引，评估方法包括规模、重要性、复杂性、关联性4大类共10项评估指标，成员国监管部门可采取两步法评估相关金融机构的重要性。第一步，将得分超过350分的金融机构直接定义为O-SIIs，监管部门可根据情况调整此门槛值；第二步，监管部门可根据其他能够反映金融机构系统重要性的指标，采用监管判断将得分未超过门槛值的金融机构定义为O-SIIs。按照此方法，法国审慎监管局（ACPR）将法国巴黎国民银行、法国农业信贷银行、法国兴业银行、法国大众储蓄银行、国民互助信贷银行5家信贷机构直接定义为O-SIIs，并根据监管判断将法国邮政银行确定为O-SIIs。比利时将巴黎银行富通、比利时联合银行、比弗斯银行、荷兰国际集团比利时银行、欧洲清算系统、安盛银行欧洲、纽约梅隆银行布鲁塞尔分行7家银行直接定义为O-SIIs，根据监管判断将占有零售存款9%市场份额的阿真塔银行确定为O-SIIs。

建立欧盟共同存款保险机制。随着欧央行开始监管系统重要性的大型商业银行、单一处置机制（SRM）于2016年1月1日正式运转，欧洲银行业联盟的三大支柱仅剩共同存款保险机制进展缓慢。2015年11月，欧盟委员会提出“三步走”方案，旨在于2023年底之前逐步建立一只占欧盟受保存款总额0.8%、规模约430亿欧元的共同存款保险基金。2024年起，将由共同存款保险基金为欧盟储户提供存款保险。共同存款保险机制的建立健全将成为欧洲银行业联盟最终完成的重要标志。

（四）德国

加强宏观审慎管理。一是将欧盟资本要求指令Ⅳ（CRD Ⅳ）的要求纳入德国银行业法和偿付能力监管规则，同时德国金融稳定委员会（FSC）于2015年6月建议联邦政府进一步将住房贷款纳入宏观审慎监管，并引入四项新的宏观审慎工具（LTV上限、DSTI上限、DTI上限以及贷款摊销限制）。**二是**德国中央银行于2015年11月公布逆周期资本缓冲技术框架，德国联邦金融监管局（Bafin）被授权为逆周期资本缓冲执行机构。从2016年1月1日起，按季设置国内逆周期资本比例、执行时限，必要时可决定是否承认他国的逆周期资本比例。由于监测指标显示德国并未出现过度放贷，Bafin将首次逆周期资本缓冲设置为0，于2016年1月1日起生效。**三是**德国联邦金融市场稳定局（FMSA）继续通过金融市场稳定基金（SoFFin）向金融机构提供援助，截至2015年底，SoFFin作出4 800亿欧元的总承诺，其中800亿欧元承诺用于金融机构的资本重组，实际支出了158亿欧元。

解决“大而不能倒”问题。一是将FSB关于G-SIBs的资本缓冲要求纳入德国法律，要求德意志银行作为G-SIB从2016年1月1日起执行2%资本缓冲要求；同时，德国央银行和Bafin共同制订了国内系统重要性金融机构认定办法，从2016年起对国内或欧洲经济区（European Economic Area）内系统重要性金融机构进行认定，并要求被认定的机构建立最高2%的资本缓冲。**二是**在德国恢复和处置法中纳入欧盟银行恢复和处置指令（BRRD）的相关要求；在处置机制法中引入SRM有关银行处置机制建设的内容；在银行业法中新增条款对部分债务清偿顺序进行调整。

三、我国宏观审慎管理的实践

（一）金融监管协调部际联席会议工作机制不断完善

2015年，金融监管协调部际联席会议深入开展金融领域重大问题和苗头性、倾向性问题的研究，着力加强监管政策、措施、执行的统筹协调。截至2015年末，金融监管协调部际联席会议共召开11次会议，研究讨论50余项议题，其中2015年召开3次会议，研究讨论13项议题。

一是着力加强宏观调控与金融监管的协调配合，推动做好金融服务实体经济工作。研究提出金融领域更好地落实“微观政策要活”要求、进一步扩展实体经济融资渠道的系列政策措施；研究构建我国绿色金融体系，推动绿色金融加快发展；规范发展新型农村合作金融。**二是**研究改革和完善金融监管体制，以适应现代金融市场的发展。推动改革和完善金融监管体制；研究完善我国债券市场管理体制，加强债券市场基础设施建设与管理；规范资本市场重大政策发布流程，提高重大政策制定全过程的透明度和新闻发布及应对的时效性；进一步推进金融业综合统计工作协调。**三是**明确跨市场、交叉性金融创新监管原则，促进新兴金融业态规范发展。推动落实《关于促进互联网金融健康发展的指导意见》，统筹规划出台互联网金融分类监管规则及配套政策措施；研究集合性投资计划份额的法律属性，推动完善对集合性投资计划的监管；进一步推动资产证券化业务发展，选择部分国有大型商业银行探索开展不良资产证券化。**四是**研究加强重点领域金融风险防范，确保不发生系统性区域性金融风险。研究规范利用HOMS系统，清理利用信息技术非法从事证券业务的活动；研究缓解银行业不良贷款上升的政策建议，逐步建立市场化、常态化的不良贷款处置机制；完善新股发行制度安排，缓解新股集中发行对货币市场造成的周期性冲击。

（二）将差别准备金动态调整机制“升级”为宏观审慎评估

差别准备金动态调整机制自2011年正式引入以来，在加强宏观审慎管理、促进货币信贷平稳增长、维护金融宏观稳定方面发挥了重要作用。为进一步完善宏观审慎政策框架，更加有效地防范系统性风险，发挥逆周期调节作用，顺应资产多元化的趋势，人民银行研究构建了金融机构宏观审慎评估（Macroprudential Assessment，MPA）体系，作为差别准备金动态调整机制的

“升级版”，该体系于2015年12月公布，自2016年正式开始实施。

MPA体系既保持了宏观审慎政策框架的连续性、稳定性，又有所改进：**一是**MPA体系更为全面、系统，重点考虑资本和杠杆情况、资产负债情况、流动性、定价行为、资产质量、外债风险、信贷政策执行等七大方面，通过综合评估加强逆周期调节和系统性金融风险防范。**二是**宏观审慎资本充足率是MPA体系的核心，资本水平是金融机构增强损失吸收能力的重要途径，资产扩张受资本约束的要求必须坚持，这是对原有合意贷款管理模式的继承。**三是**从以往的关注狭义贷款转向广义信贷，将债券投资、股权及其他投资、买入返售资产等纳入其中，有利于引导金融机构减少各类腾挪资产、规避信贷调控的做法。**四是**将利率定价行为作为重要考察因素，以促进金融机构提高自主定价能力和风险管理水平，约束非理性定价行为，避免恶性竞争，有利于降低企业融资成本。**五是**MPA体系更加灵活、有弹性，按每季度的数据进行事后评估，同时按月进行事中事后监测和引导，在操作上更多地发挥了金融机构自身和自律机制的约束作用。

（三）构建外汇流动性和跨境资金流动宏观审慎政策框架

2015年，人民银行将外汇流动性和跨境资金流动纳入了宏观审慎管理范畴，进一步完善了宏观审慎政策框架。**一是**通过引入远期售汇风险准备金、提高个别银行人民币购售平盘交易手续费率等方式对外汇流动性进行逆周期动态调节。相关措施实施后取得了较好的政策效果，有效打击了短期套利活动，优化了远期售汇期限结构，抑制了跨境远期套利行为，人民币购售规模也已回归正常。**二是**以上海自贸区模式为基础构建本外币一体化管理的全口径跨境融资宏观审慎管理框架，面向在上海、广东、天津、福建四个自贸区和相关地区注册的企业以及27家银行类金融机构实施本外币一体化的全口径跨境融资宏观审慎管理政策，将市场主体借债空间与其资本实力和偿债能力挂钩，通过调节宏观审慎参数使跨境融资水平与宏观经济热度、整体偿债能力和国际收支状况相适应，以控制杠杆率和货币错配风险。**三是**2016年1月25日起对境外金融机构在境内金融机构存放执行正常存款准备金率，建立了对跨境人民币资金流动进行逆周期调节的长效机制，抑制跨境人民币资金流动的顺周期行为，引导境外金融机构加强人民币流动性管理，促进境外金融机构稳健经营。

（四）加强系统性风险监测评估

全面加强对银行业、证券业、保险业、金融控股公司和具有融资功能的非金融机构的日常监测，开展金融机构现场评估，组织商业银行和证券公司开展年度金融稳定压力测试。继续完善大型有问题企业、高风险上市公司以及地方各类交易场所的风险监测机制，加强对宏观经济形势、区域金融风险及特定行业趋势的研究预判。组织开展金融风险排查，加强对银行业资产质量、产能过剩行业、保险业满期给付和退保、资产管理行业等重点领域风险的监测分析。全面总结评估金融业综合经营试点。

专栏21　中国金融部门评估规划更新评估正式启动

金融部门评估规划（Financial Sector Assessment Program，FSAP）由国际货币基金组织和世界银行于1999年5月联合推出，旨在加强对国际货币基金组织成员经济体金融脆弱性的评估与监测，减少金融危机发生的可能性，同时推动金融改革和发展。经过逐步发展和完善，FSAP已成为国际广泛接受的金融稳定评估框架。

为落实我国在二十国集团（G20）峰会上的承诺，从国际视角审视我国金融体系稳健性，2009年8月，我国正式接受国际货币基金组织和世界银行进行中国首次FSAP。人民银行会同11个部门成立了中国FSAP部际领导小组和工作小组，建立了相应的工作机制和工作原则。经过中外双方历时两年多的精心组织和努力工作，评估于2011年11月圆满完成并取得了丰硕成果。总体来看，中国FSAP作为国际组织首次对中国金融体系开展的全面、系统评估，帮助中国金融管理部门对金融体系和制度框架进行了全面梳理，并就中国金融改革和发展提出了很多值得借鉴的建议。其中大部分建议，例如推进利率市场化改革、加强金融监管协调、构建逆周期宏观审慎制度框架等，在“十二五”规划中已有明确表述。这说明，中外双方关于推进中国金融改革、维护金融稳定的很多观点是基本一致的。

根据国际货币基金组织和世界银行要求，具有全球系统重要性的国家（地区）每五年接受一次FSAP更新评估。经请示国务院同意，中国FSAP更新评估于2015年10月正式启动，国际货币基金组织和世界银行联合组成的评估团与中方相关部门召开了中国FSAP更新评估启动大会。评估团访华期间，与相关部门就近年来中国金融体系的发展情况、评估范围、评估时间框架等进行了充分的交流和沟通。之后，经多轮磋商，双方就中国FSAP更新评估范围和评估时间框架等达成一致意见。

在评估范围方面，双方确定将就中国执行《有效银行监管核心原则》、《证券监管目标与原则》和《保险核心原则》三项国际标准与准则的情况开展全面评估；开展银行业压力测试；对金融体系的结构和运行、法律框架、系统性风险管理、金融安全网和危机管理、不良贷款管理、普惠金融/中小企业融资、未来支撑经济再平衡的金融体系架构、金融市场基础设施、反洗钱/反恐融资、政策性金融机构、债券市场等专题开展分析和评估。

按照双方商定的时间框架，评估团将于2016年12月、2017年2月和5月来华开展三次现场评估，全部评估工作预计于2017年10月结束。目前，相关部门正按计划有序开展FSAP更新评估各项工作。

（五）加强系统重要性金融机构监管

中国银行和中国工商银行CMG审议通过了中国银行和中国工商银行按年度更新的RRP。中国银行和中国工商银行完成了第一轮可处置性评估，并向FSB报告了评估结果。中国农业银行CMG成立。中国平安保险集团年度更新的RRP已提交其CMG审议通过。

专栏22　中国银行、中国工商银行完成第一轮可处置性评估

为落实FSB对全球系统重要性金融机构（G-SIFIs）的相关要求，推动我国G-SIFI有效处置机制建设，2015年8月，银监会、人民银行和财政部以及香港和澳门金融监管局五家CMG成员单位联合组成评估组对工商银行、中国银行开展了可处置性评估。评估工作主要依据《核心要素》中提出的可处置性评估相关要求，对工商银行和中国银行RRP的可行性、可靠性及系统性影响进行全面评估。评估涵盖了“银行组织架构及经营情况”、“内部关联性”、“金融市场基础设施会员关系”、“管理信息系统”、“恢复和处置计划充足性”、“处置机制及权力”、“处置资金来源”、“跨境处置”、“处置的系统性影响”九个方面。

在现场评估、银行高管层沟通确认以及CMG成员单位讨论后，得出以下评估结论：两家银行的处置计划内容基本能够满足《核心要素》要求；处置机制、权力和资金来源所需的法律依据框架已基本具备；银行

组织结构清晰，各实体间关联依赖程度较低，内部交易公允性和复杂性基本满足可处置性要求；处置资金安排能为处置策略实施提供支撑；信息管理系统能够在日常及极端情况下提供相关信息；在危机情形下能够满足接入各类金融基础设施（FMI）的准入条件；跨境监管合作方面具备良好的沟通和信息共享环境，CMG成员拟正式签署《全球系统重要性银行恢复处置工作跨境合作协议》。总体而言，评估尚未发现对可处置性产生显著影响的障碍因素，两家银行的处置计划能够维持原有银行的关键功能持续运转，有利于在危机下实现有效处置，减轻对于国内外金融市场和经济体系的冲击。

但评估认为尚需在以下方面进一步改进：**一是**还需继续探讨集团处置的详细触发机制，并对触发条件、危机情形等加强分析与评估。**二是**需进一步细化对母公司的总损失吸收能力评估、具有可操作性的自救措施、救助资金下传机制等工作。**三是**银行管理信息系统为处置机构决策提供数据汇总和集团风险报告的能力有待进一步加强。**四是**针对FMI资格权利的转移和服务持续性如何操作，尚需进一步作出安排。**五是**实际处置中母国和东道国监管当局的合作意愿和合作效果有待检验。

为此，中国将积极采取以下措施提升系统重要性银行的可处置性：**一是**根据《核心要素》要求，完善现有法律框架，出台配套制度，细化系统重要性银行各项处置性制度安排。**二是**继续推进可减记、可转换债券等具有损失吸收能力的债务工具市场发展。**三是**进一步明确各部门职责分工和工作流程，丰富处置计划中关于触发机制的参数设置，提高恢复和处置计划可操作性。**四是**着手研究在危机中对银行FMI会员资格及权利转移的安排。**五是**推动银行完善管理信息系统相关功能，尽快建立存款保险相关系统，提升风险数据汇总时效性。**六是**修订并签署跨境合作协议文本，同时加强与非CMG东道国的合作。

专题一

加快推进利率市场化改革

利率市场化是我国金融领域最核心的改革之一。按照党中央、国务院的战略部署，我国的利率市场化改革加快推进，市场化利率形成和传导机制不断健全，央行利率调控能力逐步增强，市场在资源配置中的决定性作用得到进一步发挥。2015年10月存款利率上限取消，标志着我国的利率管制已经基本放开，利率市场化改革迈出最为关键的步伐，这在利率市场化改革进程中，以及整个金融改革历史上，都具有重要的里程碑意义。

一、利率市场化改革取得关键性进展

1996年以来，先后放开银行间拆借市场、债券回购和现券交易等利率，实现了货币市场利率和债券市场利率市场化。2000年以来，陆续放开了境内外币贷款、大额外币存款和1年期以上小额外币存款利率。2004年10月，放开人民币贷款利率上限，下限扩大到基准利率的0.9倍，同时放开人民币存款利率下限。2007年，上海银行间同业拆借利率（Shibor）正式运行，逐步发挥了货币市场基准利率的作用。以此为基础，2012年党的十八大以来，我国的利率市场化改革又迈出了新的关键性步伐。

（一）利率管制基本放开

逐步实现贷款利率市场化。2012年6月8日和7月6日，在两次下调存贷款基准利率的同时，将金融机构人民币贷款利率下限由基准利率的0.9倍逐步扩大至0.7倍。2013年7月20日，进一步全面放开金融机构贷款利率管制，取消金融机构贷款利率0.7倍的下限。贷款利率管制全面放开后，我国金融机构资产方定价完全实现市场化，对于提升金融机构自主定价能力，增强市场配置资源的决定性功能，促进结构调整和转型升级具有重要意义。

基本放开存款利率管制。2012年6月8日，允许金融机构存款利率上浮，存款利率上限由基准利率调整为基准利率的1.1倍。2014年11月22日、2015年3月1日、5月11日，先后三次将金融机构人民币存款利率上限由基准利率的1.1倍逐步调整为1.2倍、1.3倍和1.5倍。2015年8月26日，进一步放开了一年期以上（不含一年期）定期存款利率浮动上限。2015年10月24日，不再对商业银行和农村合作金融机构等设置存款利率浮动上限，标志着我国人民币利率管制基本放开。

此外，还全面放开了外币存款利率管制。2014年3月1日，在中国（上海）自由贸易试验区试点放开区内小额外币存款利率上限。2015年5月11日，进一步在全国范围内放开小额外币存款利率上限。

（二）市场利率定价自律机制建立健全

2013年9月24日，市场利率定价自律机制正式成立。自律机制成立以来，在对金融机构自主确定的货币市场、信贷市场等金融市场利率进行自律管理，促进金融机构完善法人治理结构、强化财务硬约束、提高自主定价能力，推动同业存单和大额存单发行交易，以及维护金融市场正当竞争秩序、促进市场规范健康发展等方面都发挥了重要的激励约束作用。2015年3月以来，各地区又先后成立了省级市场利率定价自律机制，在促进辖内中小金融机构强化利率定价机制建设、提高自主定价能力等方面发挥了积极作用。

（三）同业存单和大额存单发行交易有序推进

2013年12月和2015年6月，中国人民银行先后发布了《同业存单管理暂行办法》和《大额存单管理暂行办法》，正式启动同业存单和大额存单发行交易。此后，通过有序扩大发行主体范围等途径，积极推进同业存单和大额存单市场发展，同业存单和大额存单的发行交易日趋活跃。截至2015年末，银行间市场已陆续发行同业存单7 109只，累计发行金额6.24万亿元，二级市场交易总金额达18.85万亿元；大额存单共发行4 757期，累计发行金额2.29万亿元。

（四）金融市场基准利率得到有效培育

进一步健全Shibor，积极改进和完善Shibor机制，强化Shibor报价形成的市场约束和监督管理。2012年10月，将Shibor报价行由16家扩充至18家，并将每日报价的剔除家数由最高、最低各2家增加至各4家，提高了Shibor报价行的代表性。2013年10月25日，建立贷款基础利率集中报价和发布机制，对外发布贷款基础利率报价平均利率，为金融机构信贷产品定价提供重要参考。同时，积极参与培育国债收益率曲线，推动财政部门自2015年10月起按周滚动发行3个月期国债，形成较为完整的国债收益率曲线。

（五）中央银行利率调控体系逐步完善

近年来，中国人民银行通过改革再贷款（再贴现）利率形成机制、存款准备金利率制度、完善公开市场操作体系以及创设常备借贷便利（SLF）和中期借贷便利（MLF）等途径，不断完善中央银行利率调控体系，同时积极疏通中央银行利率传导渠道，增强引导和调节市场利率的有效性。

二、推进利率市场化改革意义重大

一是对优化资源配置具有重大意义。在利率市场化条件下，利率的价格杠杆功能将进一步增强，推动金融资源向真正有资金需求和发展前景的行业、企业配置，有利于发挥市场在资源配置中的决定性作用，提高资源配置效率。特别是在当前我国经济处在新旧产业和发展动能转换接续的关键期，放开利率管制可为金融机构按照市场化原则筛选支持的行业、企业提供更大空间，有利于稳增长、调结构、惠民生，促进实现经济健康可持续发展。

二是为推动金融机构转型发展注入了新的动力。随着利率管制的基本放开，金融机构在利率受保护情况下"规模即效益"的传统经营模式将不可持续，有利于推动金融机构树立起"以利润为中心"的经营理念，加快转变经营模式，完善定价机制，提高自主定价能力，实现差异化定价，真正满足日益多样化的金融需求，切实提升金融服务水平，进一步增强可持续发展能力。

三是为货币政策调控框架转型创造了有利条件。近年来金融市场创新发展，作为中介目标的货币总量与经济增长、物价等最终目标之间的相关性有所降低。利率市场化有利于促使利率真正反映市场供求情况，为中央银行利率调控提供重要参考。从国际经验看，强化价格调控是提高宏观调控效率的必然选择，而放开利率管制、健全市场化利率形成和调控机制是实现货币政策调控框架转型的根本前提。

从目前情况看，人民银行抓住物价低位运行、市场利率下行的有利时机，基本放开利率管制后的政策效果较好。我国金融机构的利率定价行为总体理性，并呈现出了分层有序、差异化竞争的利率定价格局。同时，市场化利率形成和调控机制的不断健全，也有利于促进降低社会融资成本，为经济健康可持续发展营造适宜的货币金融环境。

三、进一步推进利率市场化改革任重道远

取消对利率的行政管制后，我国的利率市场化改革进入新阶段，核心是要发挥好金融机构、自律机制、央行三道"防线"的作用，进一步健全市场化利率形成和调控机制。一方面，要推动金融机构提高自主定价能力，根据市场供求关系决定各自的利率，不断健全市场化的利率形成机制；另一方面，要完善央行利率调控机制，疏通利率传导渠道，提高央行引导和调控市场利率的有效性。同时，针对个别非理性定价行为进行必要的行业自律和监督管理，防患于

未然。

（一）督促金融机构进一步提高自主定价能力。存款利率方面，将引导金融机构不断提高研究分析能力，综合考虑宏观经济形势、货币政策调控导向、自身流动性和资产负债管理要求以及客户需求等因素，科学合理定价。贷款利率方面，将推动金融机构进一步优化信息系统和定量分析技术，注重积累、挖掘和分析不同区域、行业和客户数据，完善内部信用风险评级模型，提高对贷款违约概率等风险因素的分析研判能力。同时，督促金融机构继续完善内部转移定价机制和定价授权体系，为健全市场供求决定的利率形成机制奠定基础。

（二）完善央行利率调控和传导机制。一是积极构建央行利率政策指导体系。加强运用短期回购利率和常备信贷便利（SLF），逐步培育短期政策利率，引导短期市场利率的形成；阶段性地发挥再贷款、中期信贷便利（MLF）、抵押补充贷款（PSL）等工具的调节作用，引导和稳定中长期市场利率。**二是**强化市场基准利率和收益率曲线建设。加快推进金融市场发展，构建涵盖各个市场的基准利率体系。**三是**理顺利率传导机制。进一步理顺从央行政策利率到各类市场基准利率，从货币市场到债券市场再到信贷市场，进而向其他市场乃至实体经济的传导机制。

（三）加强对非理性定价行为的监督管理。一是进一步完善利率统计监测体系，建立健全系统性风险预警机制，及时发现和识别可能发生的风险。**二是**发挥金融机构利率定价行业自律作用，对不正当竞争行为予以自律约束，有效指导金融机构利率定价。**三是**加强对市场利率的监督管理，健全金融机构利率定价行为的激励约束机制，把个别非理性定价行为和风险遏制在苗头阶段。

专题二

国际存款保险制度的实践和改革趋势

存款保险制度是有效保护存款人利益、及时防范化解金融风险、维护金融稳定的一项金融业基础性制度安排，与中央银行最后贷款人及审慎监管制度共同构成现代金融安全网的三大核心支柱。目前世界上已有110多个国家和地区建立了存款保险制度，在金融稳定理事会（FSB）24个成员中，有23个已建立。2014年以来，巴塞尔银行监管委员会（BCBS）和国际存款保险协会（IADI）进一步修订完善《有效存款保险制度核心原则》（以下简称《核心原则》），强调要充分发挥存款保险对问题银行风险的早期发现和及时纠正作用，强化其风险处置权力和危机应对能力。各国纷纷拓展存款保险风险防范与处置职责，提升金融安全网总体效率。

一、越来越多的国家和地区向“风险最小化”模式转变

根据IADI划分，存款保险主要包括三种模式：一是“付款箱”，仅负责事后偿付存款人，如澳大利亚和此次危机前的英国；二是“损失最小化”，存款保险还具有风险监测和处置功能，能够实现存款保险基金损失最小化，如日本、加拿大；三是“风险最小化”，存款保险进一步具有早期纠正和补充监管职能，能够采取有效的风险预防和控制措施，实现风险最小化，如美国、韩国和我国台湾地区。

经过历史的演变和金融危机的检验，纯粹“付款箱”模式的存款保险是不成功的。“付款箱”模式仅限于事后被动“买单”，难以有效应对监管宽容和道德风险，容易增加处置成本，不利于及时防范和化解金融风险。危机前，英国的存款保险属于典型的“付款箱”模式，且为事后基金，缺乏可信的后备融资来源。危机中，对英国北岩银行的挤兑，实际上是对英国“付款箱”式存款保险制度的挤兑。危机后，英国总结教训，对存款保险制度大幅度改革，扩展了其及时获取信息和参与风险处置的职能。与此相比，美国存款保险职能较为完善，危机中，美国联邦存款保险公司（FDIC）灵活运用多种市场化方式实施快速有序处置，有效稳定了公众和市场信心。危机以来，越来越多的国家和地区积极改革，存款保险制度模式逐渐呈现收敛的趋势，向“风险最小化”模式靠拢。

表1 存款保险三种职能模式

模式	主要职责
付款箱	信息收集；现场和非现场检查；偿付存款。典型的如英国（危机前）、澳大利亚。
损失最小化	信息收集；现场和非现场检查；担任接管人与清算人，采取“收购与承接”、“过桥银行”、“经营中救助”、“直接偿付”等处置措施。典型的如日本、加拿大。
风险最小化	信息收集；现场和非现场检查；担任接管人与清算人，采取“收购与承接”、“过桥银行”、“经营中救助”、“直接偿付”等处置措施；采取风险警示、早期纠正措施，要求补充资本、限制业务等。典型的如美国、韩国和我国台湾地区。

资料来源：根据IADI公开资料整理。

二、实施基于风险的差别费率，有效防范和控制风险

风险差别费率机制（Risk-based Premium System）是指根据投保机构的风险状况确定费率的制度安排，即风险较低的投保机构适用于较低的费率，反之适用于较高的费率。实行风险差别费率有利于促进公平竞争，强化市场约束，构建正向激励机制。一方面，使投保机构交纳的保费与风险挂钩，促使投保机构审慎经营，减少道德风险。另一方面，有助于缓解单一费率机制下，低风险投保机构为高风险投保机构承担损失的问题，避免“交叉补贴”，实现保费征收的公平性。

各国经验也表明，单一费率制度道德风险严重，容易鼓励银行冒险经营，造成好银行补贴坏银行，因而广受诟病。20世纪80年代美国爆发储贷危机，单一费率被认为是助长危机的重要原因之一。自美国开始，越来越多的国家和地区开始实行风险差别费率机制。《核心原则》指出，风险差别费率机制是有效存款保险制度的核心设计要素之一，金融稳定理事会（FSB）也明确建议各国引入风险差别费率机制。目前，美国、俄罗斯、德国、加拿大、芬兰、法国、西班牙、韩国等40多个国家和地区实行风险差别费率。FSB 23个已建立存款保险制度的成员中，已有12个引入风险差别费率。近年来，新建存款保险制度的新加坡、中国香港等国家和地区也直接引入差别费率。

经过二十多年的发展和完善，特别是2008年国际金融危机以来，风险差别费率机制逐步从简单向成熟发展，各国普遍采用定性与定量相结合的费率确定方法。从各国实践看，成熟的风险差别费率机制关键在于构建存款保险独立的风险评估机制，及时、准确评估投保机构风险，通过与早期纠正和风险处置措施相配合，防范和控制投保机构风险，维护存款和存款保险基金安全。

三、发挥存款保险早期纠正机制作用，使风险早发现和少发生

20世纪80年代，美国储贷危机最终导致近3 000家储贷机构和银行倒闭及9 240多亿美元的损失。1989年美国国会调查报告指出，存款保险没有权力检查、干预问题银行，是导致储贷危机发生、发展的重要原因之一，建议采取“结构化早期干预和处置”，即在银行损失超过其资本前，尽早发现并采取必要干预措施。为此，1991年，美国颁布《联邦存款保险公司改进法案》，核心条款就是建立早期纠正机制（Prompt Corrective Action，PCA），明确当银行资本出现不足时，由FDIC对其采取纠正措施或及时接管处置，将存款保险基金可能发生的损失降到最低。实践表明，存款保险对问题投保机构进行早期纠正和及时处置，不仅提高了金融监管整体效率，在提升美国银行业资本充足水平、增强抗风险能力方面的作用也十分明显。从改革实施至1993年底，美国银行业资本充足率从6.75%升至8.01%，到1995年末，储贷危机基本得到化解。

2008年，美国最大的储蓄银行华盛顿互惠银行（Washington Mutual Bank，WaMu）倒闭事件，也暴露了其主监管部门美国联邦储贷监理署（OTS）未尽其责的问题。OTS在发现WaMu资产质量和管理存在显著风险后，却以其账面盈利保持增长为由，始终维持较高的监管评级，且一直未采取行动要求其整改。WaMu的倒闭推动了美国对金融监管体系的改革。2010年美国出台《多德—弗兰克法案》，大幅拓展FDIC对系统重要性金融机构（SIFIs）的早期纠正职责。2014年11月，FDIC完善了早期纠正机制的资本状况评估标准和阈值，加强对投保机构风险的多角度介入和提前介入，以进一步发挥存款保险在加强市场约束、防范金融体系风险方面的重要作用。《核心原则》指出，对问题银行的早期发现和及时纠正是存款保险制度有效运行的重要基础。存款保险作为银行倒闭的最大利益相关方，具有主动防范和约束金融机构风险的内在动力，赋予存款保险早期纠正职责，可以防止或减少监管宽容，促进监管质量和效率的提升。

四、充分发挥存款保险市场化风险处置平台的作用，完善金融机构市场化退出机制

作为投保机构所交保费的管理者和风险处置成本的主要承担者，存款保险基金具有天然责任、也有内在动力追求处置成本的最小化。由存款保险担任接管人、清算人，有利于尽早介入问题机构的风险处置过程，也有利于为后期可

能发生的存款偿付提前做好准备，减少存款保险基金损失。IADI明确指出，有效处置机制对于各国存款保险体系都非常关键，是其职能有效实施的保障。国际金融危机再次表明，存款保险与处置机制结合起来，可以大大降低风险处置成本，有利于提升公众信心，增强危机应对能力。

从2007年次贷危机爆发至2015年底，美国倒闭了520家投保机构。面对危机，美国依靠其成熟有效的存款保险制度，灵活运用多种市场化处置方式，及时处置不同规模银行的倒闭风险，维护了公众对美国银行体系的信心，有效遏制了大量银行倒闭的风险向金融体系蔓延，维护了美国银行体系总体稳定和纳税人利益。FDIC在处置破产银行时，一般按照“成本最小化”原则，主要运用“收购与承接”等市场化的处置方式，通过向健康金融机构提供贷款、担保以促成其购买倒闭机构的资产和负债进行处置。对于部分资产规模较大的银行还采取“过桥银行”策略，先自行短暂经营再择机出售。FDIC与美国财政部、美联储联合对花旗银行等具有系统重要性的银行实施“经营中救助”，使用存款保险基金以优先股形式注资，并按一定比例分担资产损失。从国际实践与改革趋势看，主要国家和地区都在推进建立健全市场化的金融风险处置机制，过去部分采取行政主导风险处置机制的国家也纷纷进行市场化改革，存款保险已成为各国重要的市场化金融风险处置平台。根据IADI 2013年的调查，赋予存款保险一定风险处置职能的国家比例，从2005年的50%进一步提升至2011年的65%。

表2　　危机以来FDIC处置问题投保机构的几种方式

处置方式	处置家数	占比
收购与承接	491	94.4%
过桥银行	11	2.1%
直接赔付	16	3.1%
经营中救助*	2	0.4%
合计	520	

注：经营中救助的2个案例是花旗集团和美联银行。
资料来源：美国FDIC官方网站。

2008年国际金融危机教训表明，有必要建立覆盖整个金融业的风险防范和处置制度安排，危机以来主要国家和地区纷纷扩展存款保险风险处置职责范围。考虑到FDIC在有效应对危机和维护金融稳定中发挥的重要作用，美国2010年颁布《多德—弗兰克法案》，将FDIC的风险处置职能延伸至具有系统重要性的非银行金融机构，明确由FDIC对SIFIs实施有序清算，并赋予FDIC和美联储定期审查SIFIs处置计划（即“生前遗嘱”）职责，使存款保险制度成为覆盖整个金融业的风险防范和处置制度安排。2013年，日本将存款保险的金融危机处置机制从银行扩展至保险公司、证券公司和银行控股公司等，同时明确由日本存款保险公司（DICJ）负责实施有序风险处置工作，并赋予DICJ对资不抵债机构采取有序处置措施和对非资不抵债机构采取金融稳定措施的新型处置手段，以实现对金融市场系统性风险的有序处置。

五、存款保险相关准则进一步上升为国际金融标准

2008年国际金融危机后，设计有效存款保险制度受到国际社会高度重视。各国更加重视存款保险制度建设，没有建立的国家抓紧建立，已建立这项制度的国家也在总结经验，不断完善。2009年6月，BCBS和IADI联合发布《核心原则》，标志着存款保险国际标准正式建立。2009年，二十国集团（G20）领导人在伦敦峰会《加强金融体系宣言》中，承诺执行包括《核心原则》在内的主要核心国际金融标准。2011年10月，FSB全体会议通过了《金融机构有效处置机制核心要素》（以下简称《核心要素》），明确了风险处置目标以及包括转移资产负债、建立过桥机构在内的各项处置性权力，为建立健全有序风险处置机制奠定基础。

2014年11月，BCBS和IADI结合《核心要素》的要求以及存款保险改革趋势，对《核心原则》进行修订完善，进一步确立了存款保险在市场化风险处置和危机管理机制中的重要地位：**一是**明确建立事前存款保险基金，主要由投保机构交纳的保费组成，以充分体现市场约束原则。**二是**强化存款保险对投保机构的直接信息收集权与现场检查权。及时获取与履职相关的必要信息，从金融安全网成员获取共享信息，通过现场检查等方式要求投保机构遵守存款保险相关政策。**三是**充分发挥存款保险对问题银行的早期发现和及时纠正作用。进一步明确定性、定量标准，以及采取纠正措施的触发条件。**四是**强化存款保险的处置性权力和危机应对能力。破产处置和存款人保护程序并不仅限于对存款人的偿付，还包括更换高级管理层、终止合同、转让和出售资产及负债、债务减记或将债务转换为股权、设立临时性过桥银行等有效措施，以确保银行关键业务不中断，有效保护存款人利益，维护金融和社会稳定。**五是**完善存款保险的及时偿付及配套机制建设。投保机构按规定格式建立存款人信息档案并实现随时查阅，建立能够保障及时偿付的存款人信息系统。

专题三

银行业压力测试

一、压力测试基本情况

2015年底，人民银行组织开展了2016年度大中型商业银行压力测试，测试对象为截至2015年第三季度末资产规模在5 000亿元以上的31家大中型商业银行。此次压力测试包含信用风险压力测试、市场风险压力测试和流动性风险压力测试，目的是基于2015年底31家商业银行的资产负债表等数据，评估商业银行在不利冲击下的稳健性状况。

测试范围。根据《金融业企业划型标准规定》中对我国商业银行的划分标准，此次测试涵盖大型商业银行和中型商业银行共31家。其中，大型商业银行为资产规模超过5万亿元的商业银行，包括工商银行、农业银行、中国银行、建设银行、交通银行、邮储银行和兴业银行；中型商业银行为资产规模超过5 000亿元且小于5万亿元的商业银行，包括招商银行、浦发银行、中信银行、民生银行、光大银行、华夏银行、广发银行、平安银行、浙商银行、渤海银行、恒丰银行、北京银行、上海银行、江苏银行、宁波银行、南京银行、天津银行、盛京银行、徽商银行、杭州银行、重庆农商行、北京农商行、成都农商行和上海农商行。

测试方式。本次压力测试以外部测试和内部测试两种方式展开，外部测试以31家商业银行为考察对象，由各商业银行根据给定口径提交数据，人民银行汇总后实施；内部测试主要考察单家商业银行或不同组别商业银行的风险状况，各商业银行自行开展测试并由人民银行对结果进行汇总和分析。

测试方法。信用风险压力测试采用敏感性压力测试和情景压力测试两种方法，敏感性压力测试直接考察重点领域信用敞口质量恶化的影响；情景压力测试测算银行体系的整体不良贷款率和资本充足率在宏观经济下行时的变化情况。市场风险压力测试主要考察利率或汇率波动对商业银行资本充足率的影响。流动性风险压力测试测算政策因素和宏观经济因素对商业银行流动性比例的影响。

压力情景[①]。信用风险情景压力测试选择GDP增长率、M_2增长率、房价降幅和CPI涨幅等4个压力指标来表征宏观经济下行的情景。信用风险敏感性压力测试以整体信贷资产和7个重点领域的不良贷款率、违约或损失作为压力指标。银行账户利率风险压力测试以收窄的存贷款利率作为压力指标；交易账户

---

① 需要特别指出的是，压力情景根据外部经济专家问卷调查结果设定，不代表人民银行对宏观经济的判断。

利率风险压力测试以人民币债券收益率作为压力指标。汇率风险压力测试以人民币/美元汇率作为压力指标。流动性压力测试的压力指标包括有价证券价格、不良贷款占比、同业资产转变为不良资产的比率、存款规模和同业存款（拆入）规模。此次压力测试的具体压力情景如表1所示。

表1 金融稳定压力测试情景设计

风险种类	测试类型	测试对象	压力情景
信用风险	情景压力测试	整体信贷资产	轻度冲击为GDP增长率下降至6% 中度冲击为GDP增长率下降至5% 重度冲击为GDP增长率下降至4% （M_2增长率、房价降幅和CPI涨幅根据专家意见综合设定）
	敏感性压力测试	整体信贷资产	轻度冲击为不良贷款率上升100%① 中度冲击为不良贷款率上升300% 重度冲击为不良贷款率上升700%
		地方政府融资平台	轻度冲击为不良贷款率增加5个百分点② 中度冲击为不良贷款率增加10个百分点 重度冲击为不良贷款率增加15个百分点
		“两高一剩”行业	轻度冲击为不良贷款率增加10个百分点 中度冲击为不良贷款率增加15个百分点 重度冲击为不良贷款率增加20个百分点
		房地产贷款	轻度冲击为房地产开发贷款（含土地储备贷款）和购房贷款不良率分别增加5个百分点 中度冲击为房地产开发贷款（含土地储备贷款）和购房贷款不良率分别增加10个和7个百分点 重度冲击为房地产开发贷款（含土地储备贷款）和购房贷款不良率分别增加15个和10个百分点
		长三角地区贷款	轻度冲击为不良贷款率上升100% 中度冲击为不良贷款率上升300% 重度冲击为不良贷款率上升700%
		客户集中度	轻度冲击为前1家最大集团（法人）客户违约 中度冲击为前2家最大集团（法人）客户违约 重度冲击为前3家最大集团（法人）客户违约
		表外业务敞口	轻度冲击为发生垫款的表外业务敞口余额占比5% 中度冲击为发生垫款的表外业务敞口余额占比10% 重度冲击为发生垫款的表外业务敞口余额占比15%
		表内外理财产品敞口③	轻度冲击为表内外理财产品余额损失10% 中度冲击为表内外理财产品余额损失20% 重度冲击为表内外理财产品余额损失30%

① 假设初始不良贷款率为X%，则上升n%后不良贷款率为X%（1+n%）。

② 假设初始不良贷款率为X%，则增加n个百分点后不良贷款率为（X+n）%。

③ 根据理财产品的投资范围划分，此次压力测试对象为信贷类和资本市场类理财产品，不包括债券类、存款类以及境外代客理财等其他类型的理财产品。

续表

风险种类	测试类型	测试对象	压力情景
市场风险	利率风险压力测试	银行账户	轻度冲击为存款利率上升25个基点，贷款利率不变 中度冲击为存款利率上升50个基点，贷款利率下降25个基点 重度冲击为存款利率上升75个基点，贷款利率下降50个基点
		交易账户	轻度冲击为各种人民币债券收益率曲线上升100个基点 中度冲击为各种人民币债券收益率曲线上升250个基点 重度冲击为各种人民币债券收益率曲线上升350个基点
	汇率风险压力测试①	银行账户和交易账户	轻度冲击为人民币/美元汇率变化±10% 中度冲击为人民币/美元汇率变化±20% 重度冲击为人民币/美元汇率变化±30%
流动性风险	情景压力测试	银行账户和交易账户	轻度冲击为30日内到期贷款转为不良贷款的比率为4%，30日内到期的存放同业和拆放同业转化为不良资产的比率为2%，有价证券价格下跌4%，存款流失6%，同业存款和拆入规模下降10% 中度冲击为30日内到期贷款转为不良贷款的比率为7%，30日内到期的存放同业和拆放同业转化为不良资产的比率为4%，有价证券价格下跌7%，存款流失8%，同业存款和拆入规模下降30% 重度冲击为30日内到期贷款转为不良贷款的比率为10%，30日内到期的存放同业和拆放同业转化为不良资产的比率为6%，有价证券价格下跌10%，存款流失10%，同业存款和拆入规模下降50%

二、压力测试总体结论

（一）信用风险

银行体系对信用风险的抗冲击能力较强。信用风险敏感性测试和情景压力测试结果均表明，我国商业银行资产质量和资本充足水平较高，以31家商业银行为代表的银行体系对宏观经济冲击的缓释能力较强，总体运行稳健。

信用风险敏感性压力测试结果显示，在整体不良贷款率上升700%的重度冲击下，银行体系的资本充足率将从13.32%下降至9.53%（见图1）。其中，大型商业银行下降4.06个百分点，中型商业银行下降3.26个百分点（见图2）。对于7个重点领域信用风险敞口，在轻度、中度和重度冲击下，银行体系的整体资本充足率均保持在较高水平，即使在重度冲击下，资本充足率也不低于10.5%。

① 汇率风险压力测试中的冲击指人民币对美元汇率产生变化，同时假定美元对其他货币汇率保持稳定。

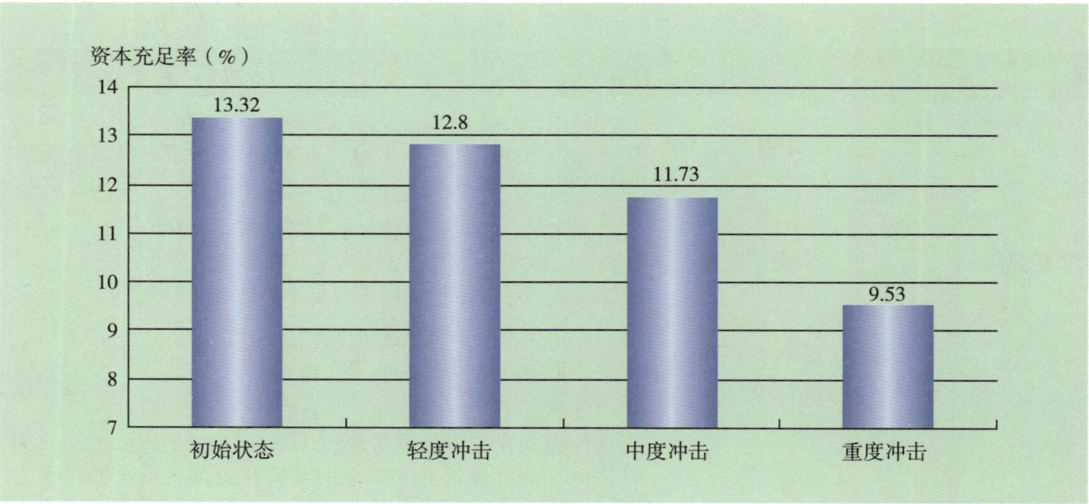

图1　整体信贷资产敏感性测试总体情况

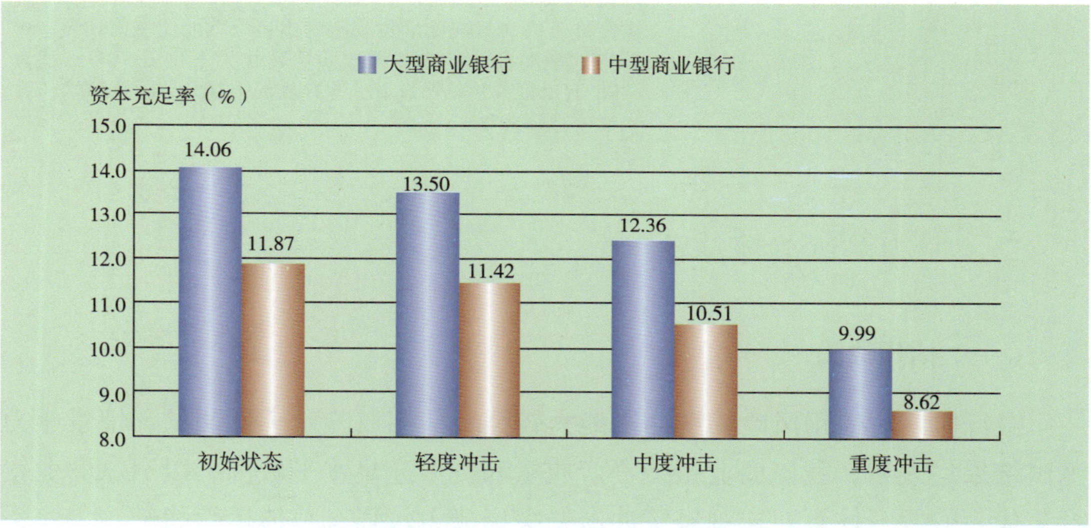

图2　整体信贷资产敏感性测试分组情况

信用风险情景压力测试结果显示，在轻度、中度和重度冲击下，银行体系的整体资本充足率将分别降至12.64%、12.14%和10.97%。其中重度冲击对银行体系的影响较大，但冲击后的银行体系资本充足率水平仍较高，显示我国银行体系对宏观经济冲击的缓释能力较强、总体运行较为稳健。在初始状态，31家商业银行中资本充足率高于10.5%的有30家，而在轻度、中度和重度冲击下，分别变化为28家、22家和16家（见图3）。

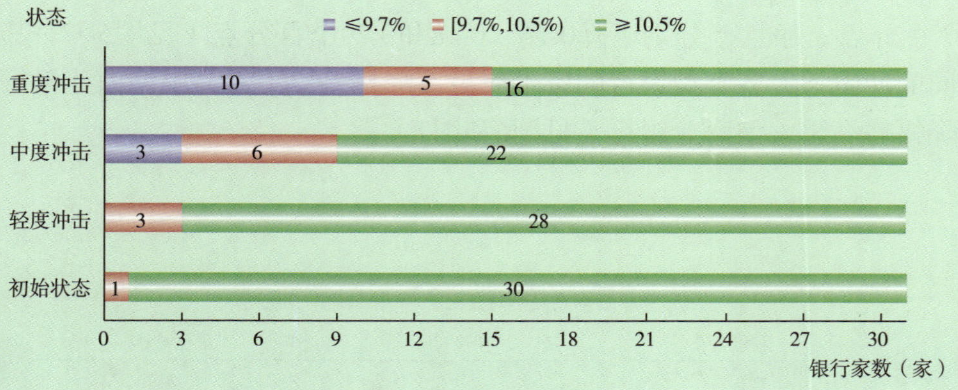

图3　银行在资本充足率不同区间的分布：情景测试

部分重点领域稳健状况值得关注。根据7个重点领域风险敞口测试结果，表外业务、银行表内外理财和长三角地区贷款等领域风险应当引起关注（见图4）。从测试结果的机构分布来看，由于资本充足水平、风险敞口大小及资产质量的不同，各商业银行的抗风险能力存在一定的差异。

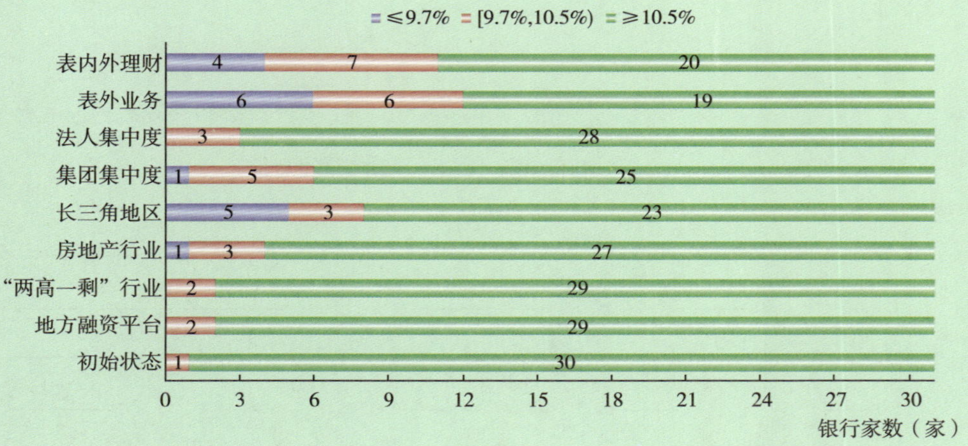

图4　银行在资本充足率不同区间的分布：敏感性测试（重度冲击）

（二）市场风险

银行账户利率基础风险基本可控。当存款利率上升、贷款利率下降时，在轻度、中度和重度冲击下，银行体系的整体资本充足率分别下降0.24、0.69和1.15个百分点，净息差分别下降0.16、0.48和0.79个百分点（见图5）。其中，在相同的冲击下，各类型银行的资本充足率降幅差异不大，中型商业银行的净息差降幅略高于大型商业银行（见图6和图7）。

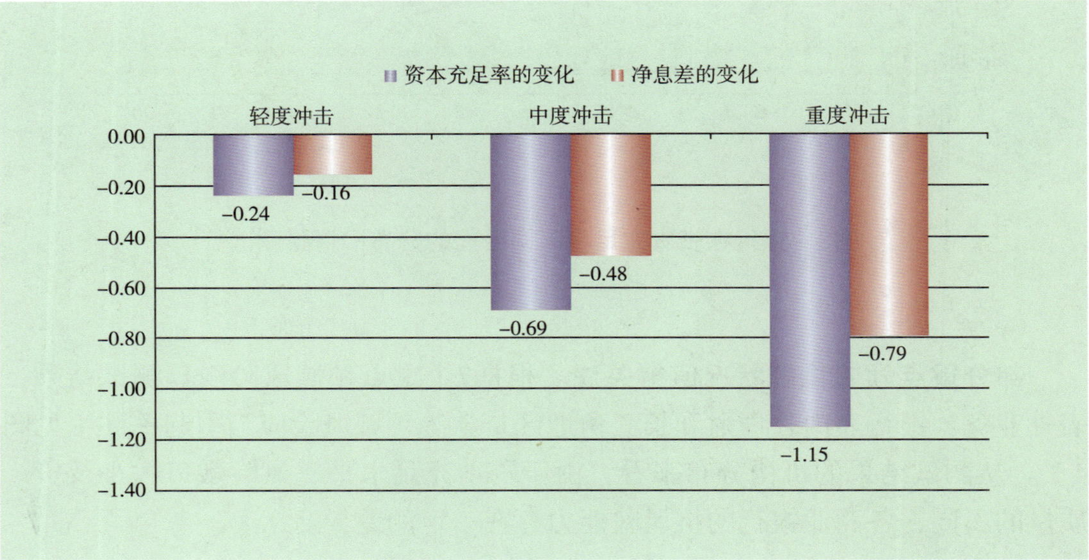

图5　银行账户利率基础风险

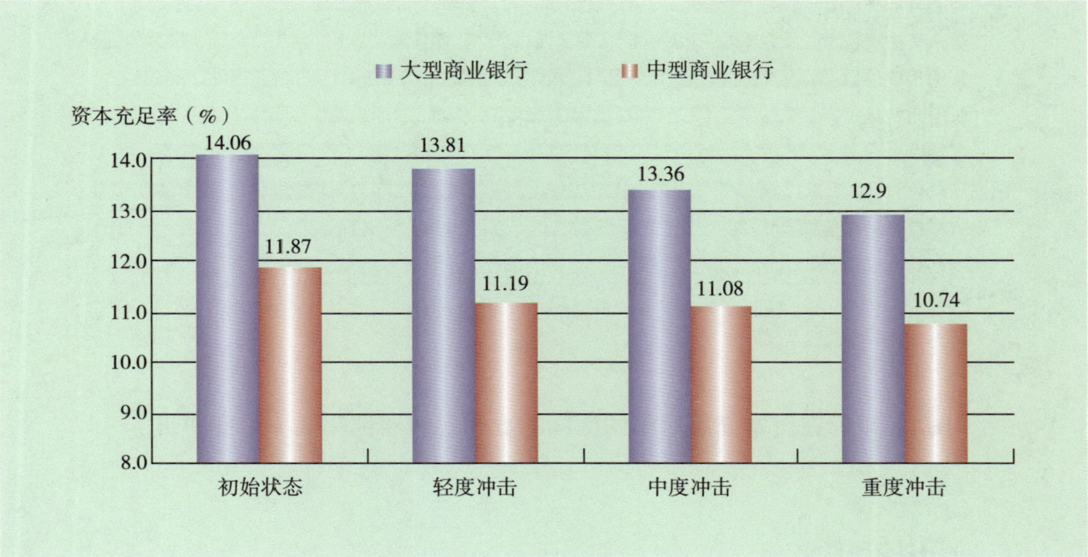

图6　银行账户利率基础风险分组情况（资本充足率）

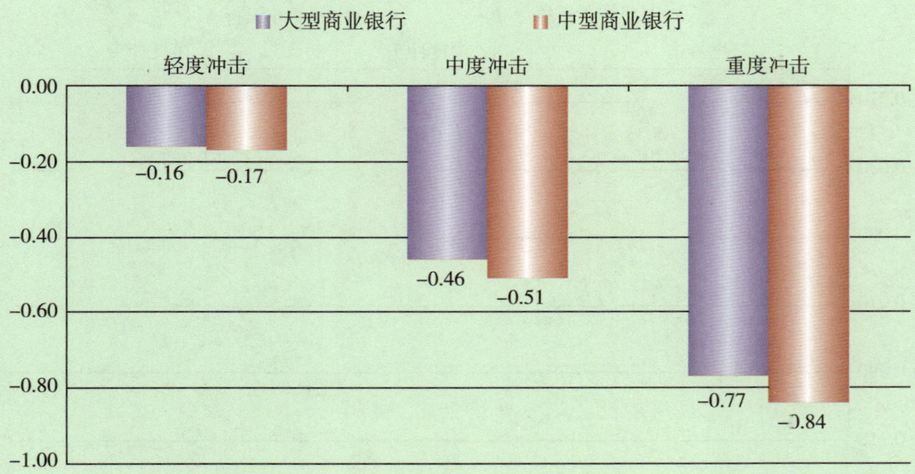

图7　银行账户利率基础风险分组情况（净息差）

利率风险对交易账户的影响较小。交易账户利率风险压力测试结果显示，在各种人民币债券收益率曲线上升350个基点的重度冲击下，31家银行的资本充足率都只有微小的波动，银行体系的资本充足率仅下降了0.039个百分点（见图8）。其中，在相同的冲击下，中型商业银行资本充足率的降幅明显高于大型商业银行，表明中型商业银行对各种人民币债券收益率曲线上升更为敏感（见图9）。

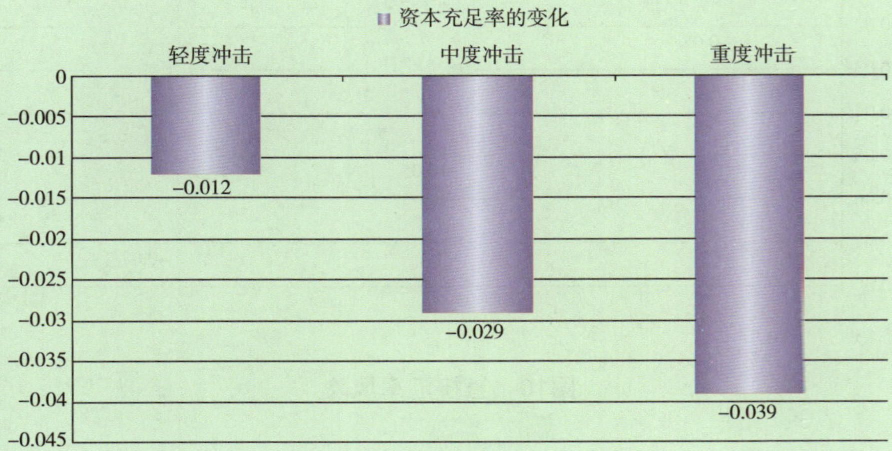

图8　交易账户利率风险

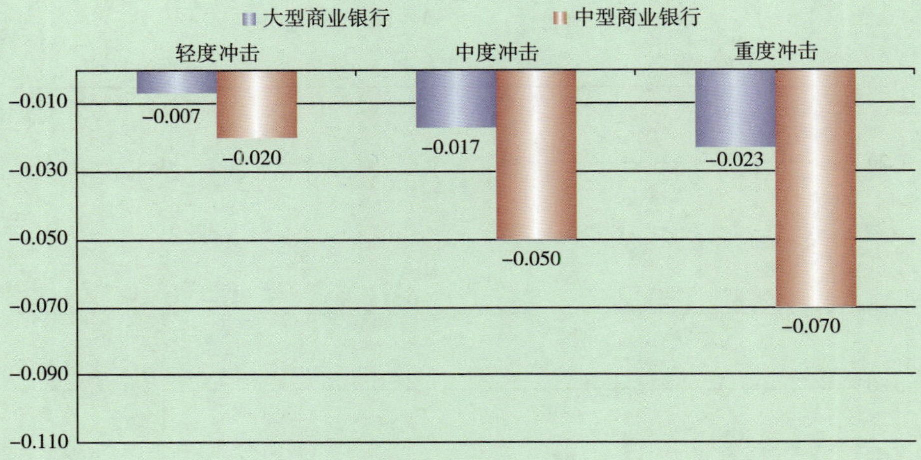

图9　交易账户利率风险下不同组别银行资本充足率变化

汇率变动对银行体系的直接影响有限。压力测试结果表明，在重度冲击下，银行体系的资本充足率仅下降了0.07个百分点（见图10）。其中，在相同的冲击下，中型商业银行的资本充足率降幅较大（见图11）。

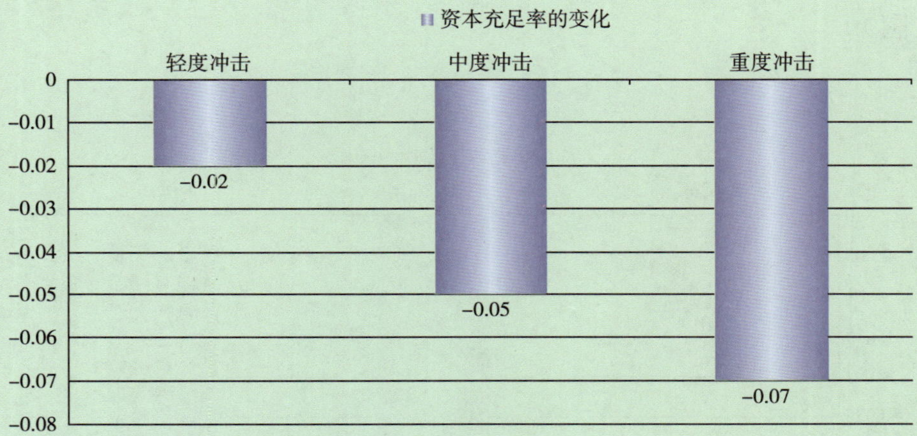

图10　直接汇率风险

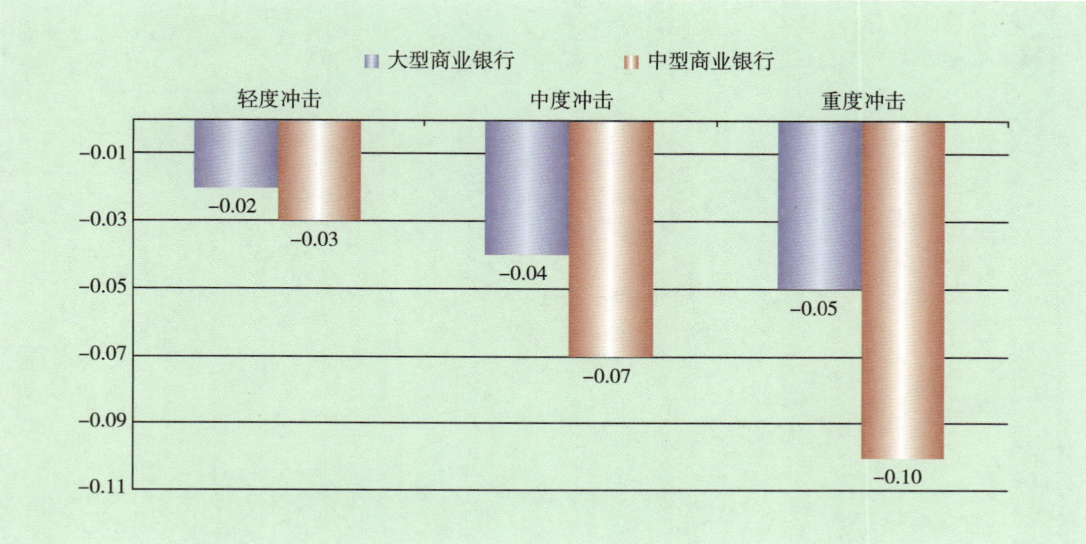

图11　直接汇率风险下不同组别银行资本充足率变化

（三）流动性风险

流动性风险压力测试以内部测试方式展开。压力测试结果表明，在压力冲击下各商业银行的流动性比例出现不同程度的下降，仅2家中型商业银行在重度冲击下的流动性比例低于25%的监管要求①（见图12）。

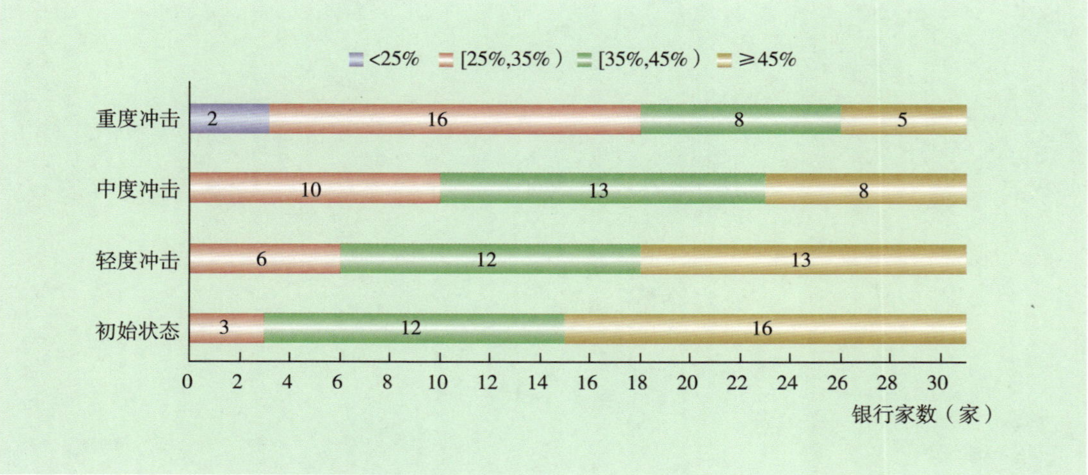

图12　银行在流动性比例不同区间的分布：流动性风险

① 根据银监会公布的《商业银行风险监管核心指标（试行）》中规定，商业银行的流动性比例不应低于25%。

专题四

保险业压力测试

一、保险业偿付能力压力测试制度

偿付能力压力测试是保险业偿付能力监管制度的一部分。保险业自2016年第一季度起执行中国风险导向的偿付能力体系（以下简称“偿二代”）。

（一）2015年及以前的压力测试制度

保监会从2006年起对人寿保险公司（包括健康保险公司）、从2010年起对财产保险公司建立了动态偿付能力测试制度，即压力测试制度。动态偿付能力测试报告作为年度偿付能力报告的一部分，经外部机构进行第三方独立审核后，在每年4月15日以前向保监会报送。

动态偿付能力测试通过对基本情景和各种不利情景下保险公司未来一段时间（人寿保险公司为三年，财产保险公司为两年）的偿付能力状况进行预测和评价，对可能出现的偿付能力恶化的情况进行预警。基本情景是指保险公司未来最有可能发生的情景，是在分析和研究保险公司经验数据、行业信息及对未来趋势合理预测的基础上建立的，对未来一段时间内新业务、投资收益率、死亡率、疾病率、其他承保事故发生率、费用和退保率等指标假设（人寿保险公司）或者保费增长率、保费自留比例、保费赚取比例、赔付率、赔付模式、费用率、投资收益率等指标假设（财产保险公司）的最优估计。不利情景是指未来有可能发生并且会对保险公司偿付能力产生严重不利影响的情景，不利情景分为必测和自测两类，保监会规定了三种必测不利情景，保险公司还应当自行确定至少一种自测不利情景。

（二）偿二代的压力测试制度

偿二代对风险的反映和计量更加精细、敏感、科学和全面，完善了对风险的识别和预警能力。与偿一代相比，偿二代下的压力测试方法和目标没有根本的变化，仍然是通过对基本情景和各种压力情景下偿付能力充足率和流动性的测试，识别和预警偿付能力主要风险因素，及时采取相应的管理和监管措施，防范偿付能力风险。偿二代完善了对流动性风险的监管，细化了保险公司现金流压力测试的规定。

1. 偿付能力充足率压力测试

偿二代压力测试更加重视风险防范和管理，给保险公司管理层更大的监管约束。偿付能力充足率压力测试制度不再有偿一代下“动态偿付能力测试结果不作为监管部门采取监管措施的直接依据”的规定，明确对预测假设、测试方法、管理措施等进行不定期检查，对违规的保险公司和责任人员依法进行处罚；强化了对风险管理措施和实施计划、拟采取的偿付能力改善措施的要求，对基本情景下综合偿付能力充足率低于100%或核心偿付能力充足率低于50%的，保监会可以采取监管谈话、风险提示等措施。

偿二代规定保险公司应每年进行一次压力测试，压力测试报告经董事会批准后，于5月31日前向保监会报送。基本情景下，保险公司应根据偿二代相关规则，预测未来两个会计年度的偿付能力充足率状况，预测假设应根据历史经验和对未来趋势的判断设定，并与董事会或管理层批准的经营规划一致。压力情景下需预测未来一个年度的偿付能力充足率状况，包括必测压力情景测试、自测压力情景测试和反向压力测试三类。保监会根据行业情况确定统一的必测压力情景。保险公司应根据自身风险状况确定至少一种自测压力情景，情景设置应选择至少两个重大风险因素。基本情景下报告年度后未来一年末综合偿付能力充足率处于100%至150%之间的保险公司，应开展反向压力测试，即选择一个最主要的风险因素，使得综合偿付能力充足率降低至100%的水平，保险公司可以选择多个主要风险因素分别进行反向压力测试。

2. 现金流压力测试

偿二代规定，财产保险公司和再保险公司应当至少每年年末进行一次现金流压力测试，对未来一年每个季度的现金流进行预测。人身保险公司（含健康险公司、养老险公司，下同）应当至少每个季度进行一次现金流压力测试，测试区间为自报告年度末起未来3年，其中未来第一年按季度预测，未来第二年、第三年按年预测。保险公司应当在偿付能力季度报告中披露流动性风险监管指标、现金流压力测试等信息。

现金流压力测试包括对经营活动、投资活动和筹资活动的测试。财产保险公司和再保险公司应当测试公司整体的现金流状况，人身保险公司应当分别测试公司整体、传统保险业务、分红保险业务、万能保险业务和投资连结保险业务的现金流状况。保险公司应当首先预测基本情景下的现金流情况，在此基础上，测试压力情景下的现金流情况。基本情景是指保险公司在考虑现有业务和未来新业务的情况下的最优估计假设情景。压力情景包括公司自测情景和必测情景。自测情景由保险公司自行确定，保险公司应当根据自身业务结构、历史经验、流动性特点以及对未来市场环境的预期等因素，考虑未来有可能发生并对保险公司流动性产生不利影响的因素设定公司自测情景。保监会将根据行业情况确定统一的必测情景，以适当反映行业可能面临的流动性风险。

保险公司基本情景和压力情景下的净现金流小于零、综合流动比率和流动性覆盖率异常的，应当说明拟采取的改善措施和预计的改善效果。人身保险公司应当对基本情景下经营活动净现金流预测结果和实际结果之间的偏差进行回顾和分析，连续三个季度预测不利偏差超过保监会规定限度的，保监会可视情况采取监管谈话等措施。

二、保险业压力测试情况

2015年10月，保监会对产险公司、寿险公司和保险公司资金运用分别进行了临时压力测试。

（一）财产险公司偿付能力压力测试

压力测试对象。全部69家财产险公司。

压力测试模型。本次压力测试由保监会统一规定压力情景，通过选取有代表性的风险因子，涵盖保险公司面临的保险风险、投资风险等主要风险。受测试保险公司分别使用偿一代和偿二代的偿付能力计量方法，以2014年底实际数据为基本情景，计算压力情景下2015年底的偿付能力充足率，并报告相关预测方法和预测假设。

压力情景。压力情景主要选取保费收入、赔付支出、综合费用率和权益类资产公允价值等变量（见表1）。

表1　财产险公司偿付能力压力测试情景设计

主要参数	基本情景	压力情景
保费收入	以2014年实际数据为基本情景	基本情景的90%
赔付支出		基本情景的110%
综合费用率		基本情景增加5个百分点
权益类资产公允价值		基本情景的90%

压力测试结果。在偿一代规则下，参与测试的69家公司偿付能力充足率都达到100%以上，其中，100%–150%的有4家，市场份额占比2%；150%–200%的8家，市场份额占比61%；200%以上的57家，市场份额占比37%（见图1）。

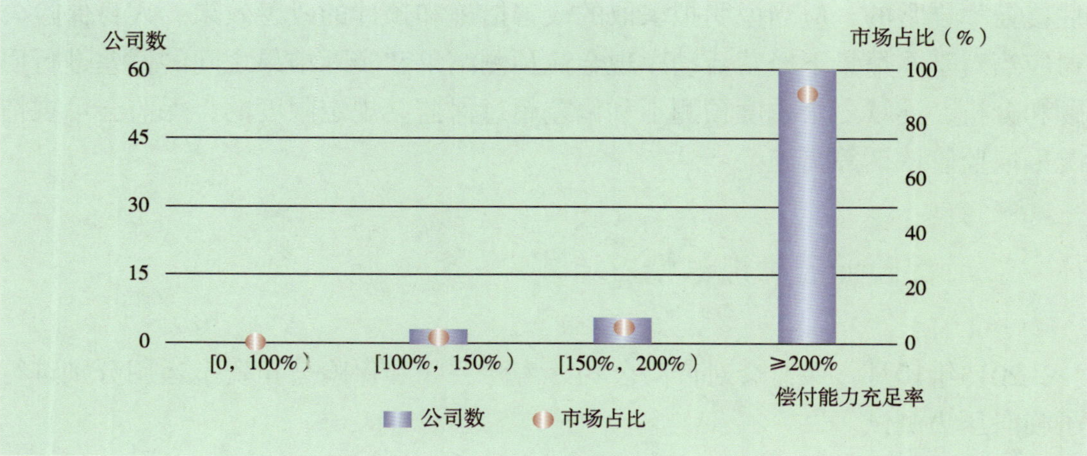

图1 财产险公司偿付能力压力测试（偿一代规则）

偿二代下，69家公司偿付能力充足率都达到100%以上，其中，100%-150%的有3家，市场份额占比2%；150%-200%的6家，市场份额占比6%；200%以上的60家，市场份额占比92%（见图2）。

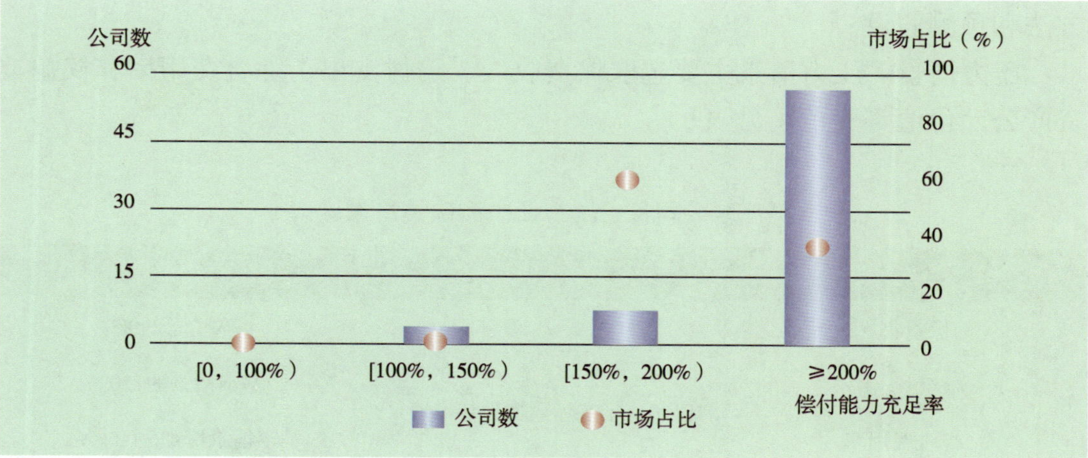

图2 财产险公司偿付能力压力测试（偿二代规则）

（二）人身险公司现金流压力测试

压力测试对象。全部71家人身险公司。

压力测试模型。按照主要业务类别，考虑预测区间内保费收入、投资收益、赔付、退保、费用、红利支出、再保等因素，分别对有效业务和新业务进行现金流预测，测算基本情景和压力情景下预测年度的整体现金流，考察未来一定时期内，退保、新业务等关键影响因子对现金流的影响，评估人身险公司抵御不利冲击和持续经营的能力。预测区间为未来3年，即2016—2018年。

压力情景。压力情景共有三种，包含退保率、新业务保费收入等变量（见表2）。需要说明的是，压力情景均为主观设定，并不代表保险业的实际发展趋势。

表2　人身险公司现金流压力测试情景设计

基本情景	压力情景1	压力情景2	压力情景3
基本情景是在分析和研究公司自身经验数据、行业现有信息及对未来趋势合理预测的基础上所建立的对于未来一段时间内新业务、投资收益率、死亡率、疾病率、其他承保事故发生率、费用和退保率等假设的最优估计。	在基本情景的基础上，所有产品退保率假设为基本情景的150%。	在基本情景的基础上，未来3年新业务保费收入增长率为0，即2016-2018年新业务保费规模与2015年相同。	在基本情景的基础上，2016年4个季度新业务保费收入比2015年4个季度同比下降30%，以后年度维持该下降后的水平。

压力测试结果。目前人身保险业正处于上升通道，行业发展前景良好，测试结果显示，未来一段时期内保费收入预计仍将保持较快增长，能够覆盖各不利情景下现金流出并保持较大规模的现金净流入。在3种压力情景下，行业整体均未出现负的现金流，能够妥善应对各种紧急流动性需要（见图3）。从具体公司看，压力情景下个别公司出现负现金流，但总体金额相对较小，如最不利结果2018年压力情景3下负净现金流合计986亿元，而行业整体净现金流总额为2 856亿元。

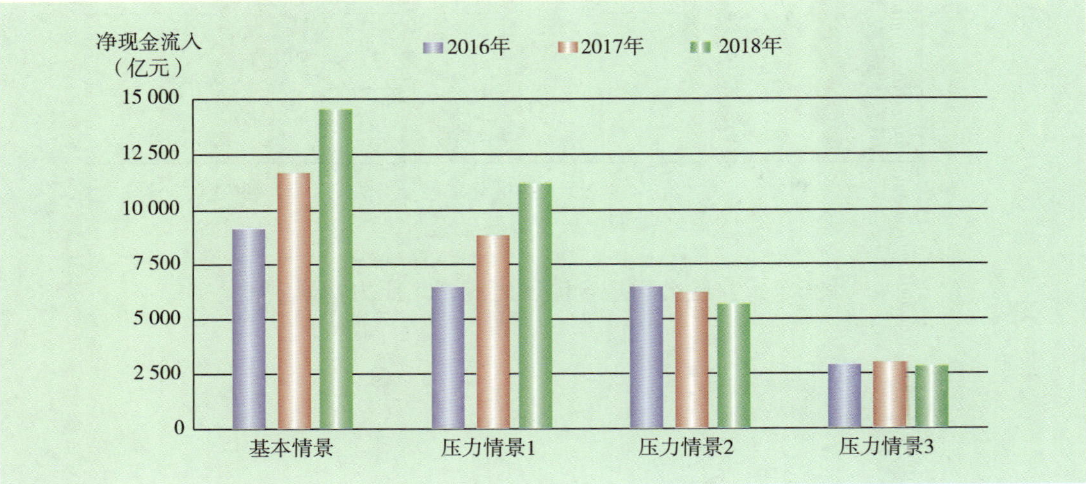

图3　人身险公司现金流压力测试总体结果

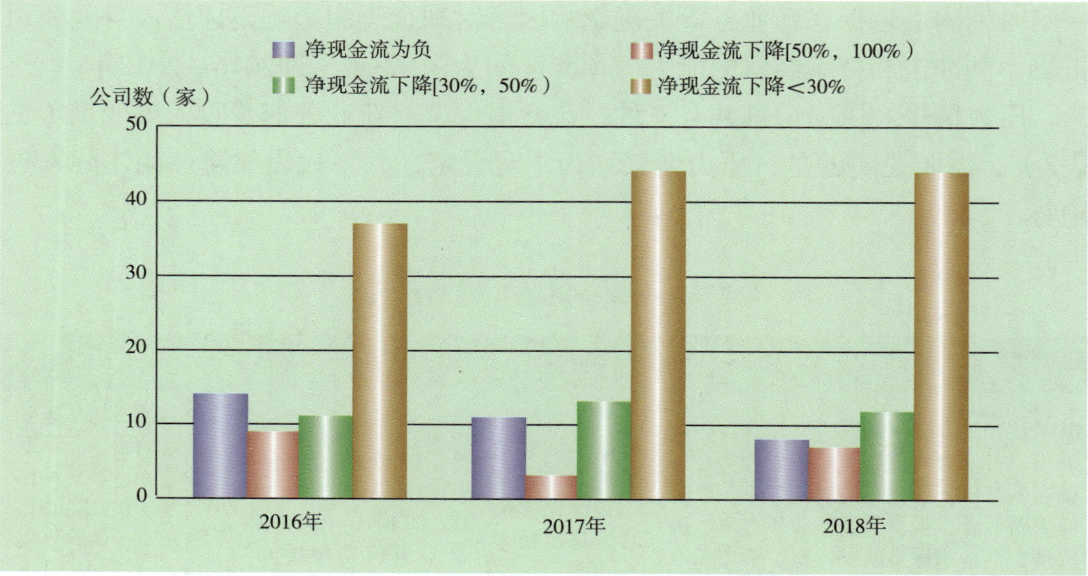

图4　人身险公司现金流压力测试（压力情景1）

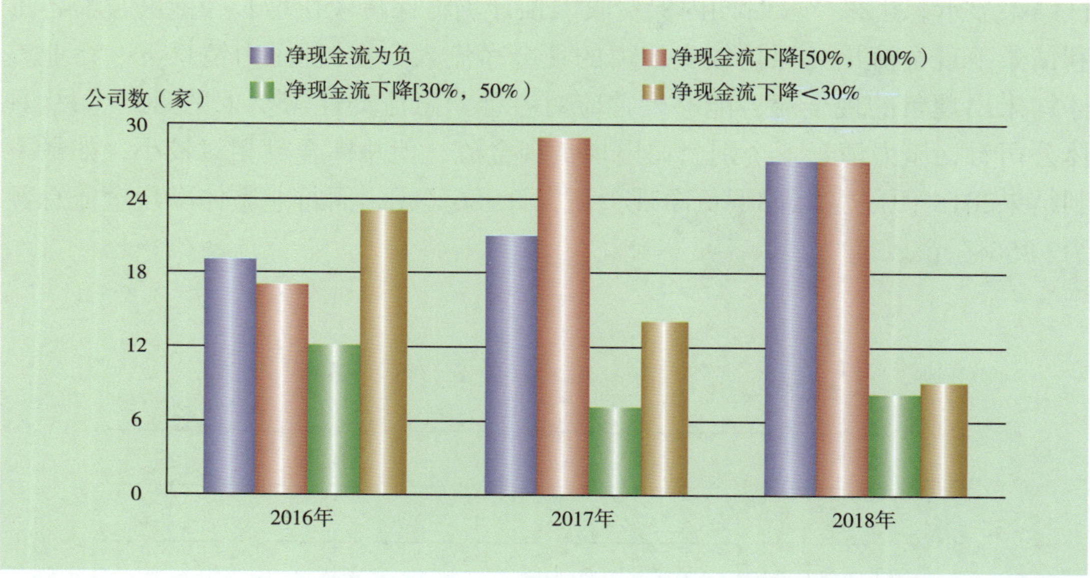

图5　人身险公司现金流压力测试（压力情景2）

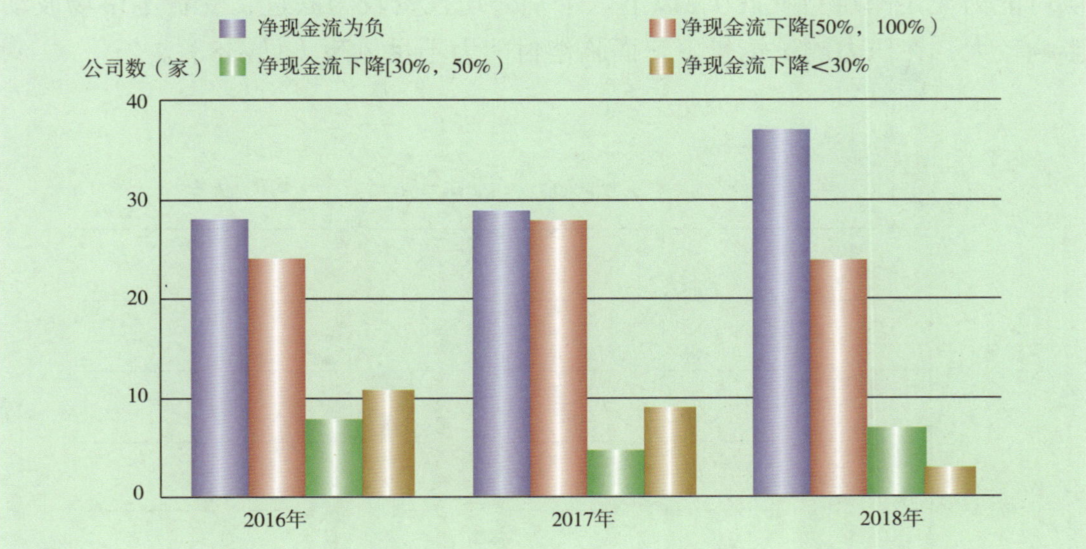

图6　人身险公司现金流压力测试（压力情景3）

（三）保险公司投资压力测试

压力测试对象。选择10家有代表性的保险公司，其合计保费收入的行业占比为54%，资金运用余额的行业占比为63%。为简化起见，本报告只关注保险公司权益类资产投资。

压力测试模型。按照相关规定，在合理的原则或方法下，根据对公司相关账户资产方和负债方的现金流、平均持有期、资产收益率、资金成本及其缺口等情况的预测，评估在压力情景下保险公司权益类资产市值变动对投资收益率、流动性和偿付能力状况的影响。

压力情景。主要关注上证指数变化的影响（见表3）。

表3　　投资压力测试情景设计

基本情景	压力情景1	压力情景2	压力情景3
2015年9月底上证指数点位	基础情景下跌10%	基础情景下跌20%	基础情景下跌30%

压力测试结果。从压力测试总体情况来看，行业投资收益率整体较好，偿付能力较为充足，偿付能力溢额较高，有较厚的资金安全垫。压力情景下，测试公司中的主要保险公司（保费收入占测试保险公司的67%，资金运用余额占测试公司的62%）投资收益率由正转负（见图7），但对偿付能力影响有限，

偿付能力充足率维持在200%以上。个别公司投资较为激进，受资本市场波动影响较大，在压力测试情景下，面临偿付能力不足风险（见图8）。

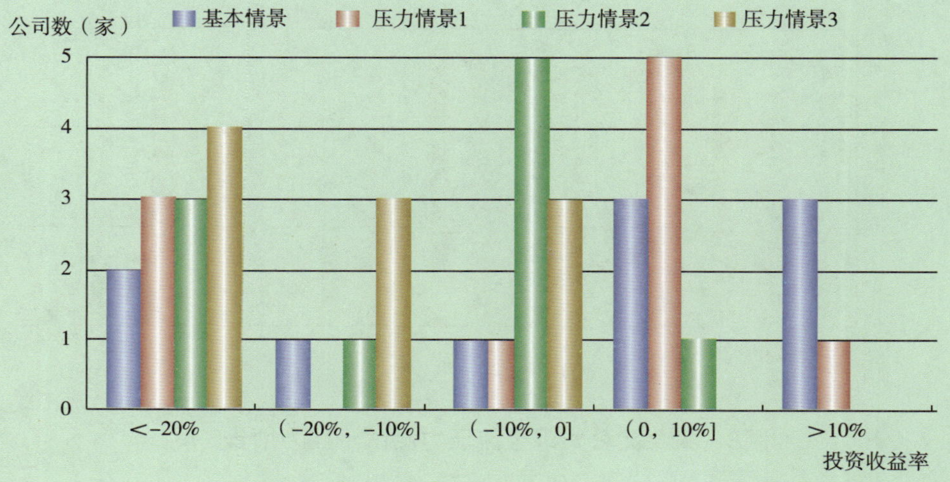

图7　保险公司投资压力测试（投资收益率）

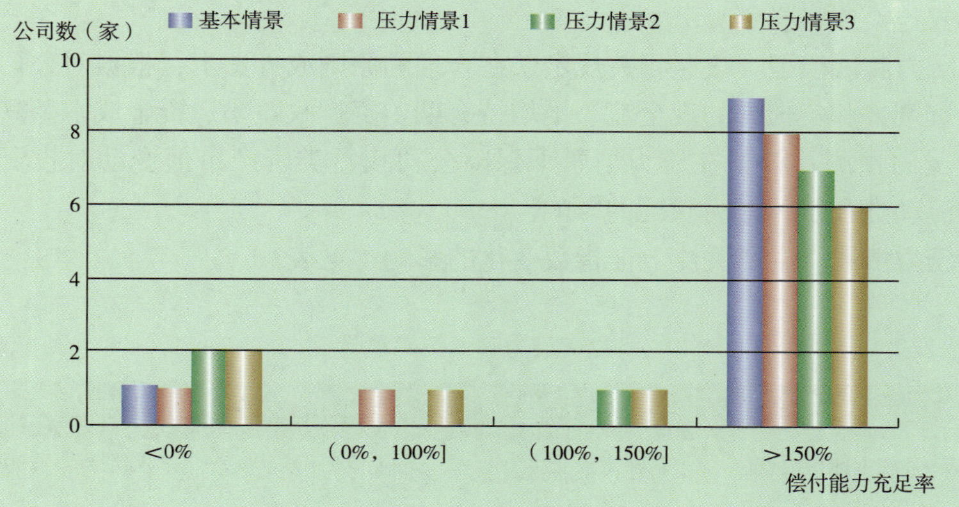

图8　保险公司投资压力测试（偿付能力充足率）

附录

统计资料

附表 1　　主要宏观经济指标

项　　目	2011	2012	2013	2014	2015
国内生产总值（亿元）	473 104	519 470	568 845	635 910	676 708
工业增加值	188 470	199 671	210 689	227 991	228 974
固定资产投资总额（亿元）	311 485	374 695	447 074	512 761	562 000
社会消费品零售总额（亿元）	183 919	210 307	237 810	262 394	300 931
货物进出口总额（亿美元）	36 419	38 671	41 600	264 334	245 741
出口	18 984	20 487	22 096	143 912	141 255
进口	17 435	18 184	19 504	120 423	104 485
差额	1 549	2 303	2 592	23 489	36 770
实际使用外商直接投资（亿美元）	1 160	1 117	1 176	1 196	1 263
外汇储备（亿美元）	31 811	33 116	38 213	38 430	33 304
居民消费价格指数（上年=100）	105.4	102.6	102.6	102.0	101.4
财政收入（亿元）	103 874.43	117 253.52	129 143	140 350	152 217
财政支出（亿元）	109 247.79	125 952.97	139 744	151 662	175 768
城镇居民人均可支配收入（元）	21 810	24 565	26 955	28 844	31 195
农村居民人均纯收入（元）	6 977	7 917	8 896	9 892	10 772
城镇就业人员(百万)	359.1	371.0	382.4	393.1	404.1
城镇登记失业率（%）	4.1	4.1	4.05	4.09	4.05
总人口（百万）	1 347.4	1 354.0	1 360.7	1 367.8	1 374.6

注：2011-2014年国内生产总值为最终核实数，2015年国内生产总值为初步核算数。
数据来源：根据《中国统计年鉴》和《中国国民经济和社会发展统计公报》等相关资料整理。

附表 2

主要金融指标（一）
（年末余额）

单位：亿元

项　目	2011	2012	2013	2014	2015
M_2	851 590.9	974 148.8	1 106 525.0	1 228 374.8	1 392 278.1
M_1	289 847.7	308 673.0	337 291.1	348 056.4	400 953.4
M_0	50 748.5	54 659.8	58 574.4	60 259.5	63 217.6
金融机构各项存款	809 368.3	917 368.1	1 043 846.9	1 138 644.6	1 357 021.6
储蓄存款（城乡居民储蓄）	343 635.9	399 546.9	447 601.6	485 261.3	526 281.8
非金融企业存款（企业存款）	303 504.3	327 444.9	361 555.2	378 333.8	430 247.4
金融机构各项贷款	547 946.7	629 906.6	718 961.5	816 770.0	939 540.2

注：由于统计制度调整，自2011年起，“城乡居民储蓄”、“企业存款”分别替换为“储蓄存款”、“非金融企业存款”。

数据来源：中国人民银行。

附表 3

主要金融指标（二）
（增长率）

单位：%

项　目	2011	2012	2013	2014	2015
M_2	13.61	13.80	13.59	12.16	13.34
M_1	7.85	6.49	9.27	3.19	15.20
M_0	13.76	7.71	7.16	2.88	4.91
金融机构各项存款	13.54	13.34	13.76	9.08	12.44
储蓄存款（城乡居民储蓄）	13.78	16.27	12.03	8.41	8.45
非金融企业存款（企业存款）	9.23	7.89	10.43	4.64	13.72
金融机构各项贷款	15.83	14.96	14.14	13.60	14.30

注：由于统计制度的调整，本表增长率是经过调整的可比口径的同期比。

数据来源：中国人民银行。

附表 4

国际流动性

单位：百万美元

项　目	2011	2012	2013	2014	2015
总储备（减黄金）	3 197 107	3 325 440	3 833 291	3 853 760	3 341 006
特别提款权	11 855	11 366	11 184	10 456	10 282
在基金储备头寸	4 104	2 485	792	286	362
外汇	3 181 148	3 311 589	3 821 315	3 843 018	3 330 362
黄金（百万盎司）	33.89	33.89	33.89	33.89	56.66
黄金（折价）	9 815	9 815	9 815	9 815	60 191
其他存款性公司国外负债	123 250	157 509	294 789	409 995	199 865

注：黄金2015年末为市值价值，以往数据不可比。

数据来源：中国人民银行。

附表 5　黄金、外汇储备

年　份	黄金储备（万盎司）	外汇储备（亿美元）	外汇储备比上年增长（%）
1997	1 267	1 398.9	33.2
1998	1 267	1 449.6	3.6
1999	1 267	1 546.8	6.7
2000	1 267	1 655.7	7.0
2001	1 608	2 121.7	28.1
2002	1 929	2 864.1	35.0
2003	1 929	4 032.5	40.8
2004	1 929	6 099.3	51.3
2005	1 929	8 188.7	34.3
2006	1 929	10 663.4	30.2
2007	1 929	15 282.5	43.3
2008	1 929	19 460.3	27.3
2009	3 389	23 991.5	23.3
2010	3 389	28 473.4	18.7
2011	3 389	31 811.5	10.7
2012	3 389	33 115.9	4.1
2013	3 389	38 213.2	15.4
2014	3 389	38 430.2	0.6
2015	5 666	33 303.6	−13.3

注：中国人民银行于2001年12月、2002年12月和2009年4月对黄金储备数据进行了调整。
数据来源：中国人民银行。

附表 6　金融业资产简表
（2015年12月31日）

单位：万亿元

项　　目	资产
金融业	240.36
中央银行	31.78
银行业金融机构	199.35
证券业金融机构	4.40
保险业金融机构	12.36

注：证券业金融机构资产指不包含客户资产的证券公司总资产。
数据来源：中国人民银行金融稳定分析小组估算。

附表 7

2015年存款性公司概览
（季末余额）

单位：亿元

项　　目	第一季度	第二季度	第三季度	第四季度
国外净资产	294 637.43	294 660.17	287 168.41	280 639.49
国内信贷	1 136 551.53	1 199 812.09	1 255 732.27	1 332 692.76
对政府债权（净）	56 175.60	61 492.96	74 882.01	98 297.05
对非金融部门债权	943 330.97	978 253.67	1 011 361.82	1 051 159.75
对其他金融部门债权	137 044.96	160 065.45	169 488.44	183 235.96
货币和准货币	1 275 332.78	1 333 375.36	1 359 824.06	1 392 278.11
货币	337 210.52	356 082.86	364 416.90	400 953.44
流通中货币	61 949.81	58 604.26	61 022.97	63 216.58
单位活期存款	275 260.72	297 478.59	303 393.93	337 736.86
准货币	938 122.25	977 292.51	995 407.15	991 324.67
单位定期存款	275 189.30	289 329.28	298 571.22	288 240.66
个人存款	544 693.66	539 127.13	547 874.00	552 073.48
其他存款	118 239.30	148 836.10	148 961.94	151 010.53
不纳入广义货币的存款	36 494.53	34 231.37	36 664.59	36 439.86
债券	129 897.12	139 064.65	147 648.53	160 003.65
实收资本	37 931.02	39 132.15	40 955.60	43 214.43
其他（净）	–48 466.48	–51 331.27	–42 192.09	–18 603.80

数据来源：中国人民银行。

附表 8

2015年货币当局资产负债表
（季末余额）

单位：亿元

项　　目	第一季度	第二季度	第三季度	第四季度
国外资产	276 072.56	276 555.22	262 214.21	253 830.67
外汇	268 160.81	267 149.38	258 244.37	248 537.59
货币黄金	669.84	2 094.73	2 207.71	2 329.54
其他国外资产	7 241.92	7 311.11	1 762.13	2 963.55
对政府债权	15 312.73	15 312.73	15 312.73	15 312.73
其中：中央政府	15 312.73	15 312.73	15 312.73	15 312.73
对其他存款性公司债权	31 478.70	23 263.93	25 234.76	26 626.36
对其他金融性公司债权	7 847.15	7 696.35	9 696.55	6 656.59
对非金融部门债权	41.30	55.01	57.28	71.74
其他资产	11 473.10	14 192.58	13 523.34	15 338.87
总资产	**342 225.55**	**337 075.83**	**326 038.88**	**317 836.97**
储备货币	295 752.63	288 779.55	279 677.24	276 377.49
货币发行	69 078.10	65 111.90	68 454.85	69 885.95
其他存款性公司存款	226 674.52	223 667.65	211 222.39	206 491.55
不计入储备货币的金融性公司存款	1 729.00	1 692.29	1 843.40	2 826.42
发行债券	6 522.00	6 522.00	6 522.00	6 572.00
国外负债	1 405.32	1 465.51	1 649.93	1 807.28
政府存款	29 829.21	32 481.29	31 542.01	27 179.03
自有资金	219.75	219.75	219.75	219.75
其他负债	6 767.64	5 915.43	4 584.55	2 855.00
总负债	**342 225.55**	**337 075.83**	**326 038.88**	**317 836.97**

数据来源：中国人民银行。

附表 9 **2015年其他存款性公司资产负债表**

（季末余额）

单位：亿元

项　　目	第一季度	第二季度	第三季度	第四季度
国外资产	40 915.72	40 914.79	43 382.85	41 594.51
储备资产	233 400.50	233 976.54	224 109.93	219 330.07
准备金存款	226 272.23	227 468.93	216 678.06	212 660.73
库存现金	7 128.27	6 507.61	7 431.86	6 669.34
对政府债权	70 692.07	78 661.52	91 111.29	110 163.34
其中：中央政府	70 692.07	78 661.52	91 111.29	110 163.34
对中央银行债权	6 568.56	6 429.01	6 402.74	6 229.24
对其他存款性公司债权	279 793.79	302 876.28	301 713.57	314 186.47
对其他金融机构债权	129 197.82	152 369.11	159 791.89	176 579.37
对非金融机构债权	705 300.56	729 636.71	752 394.89	783 762.11
对其他居民部门债权	237 989.11	248 561.96	258 909.64	267 325.90
其他资产	86 129.97	86 872.17	95 715.91	72 385.48
总资产	**1 789 988.10**	**1 880 298.08**	**1 933 532.71**	**1 991 556.48**
对非金融机构及住户负债	1 143 385.80	1 173 335.92	1 203 731.68	1 249 742.73
纳入广义货币的存款	1 095 143.67	1 125 935.00	1 149 839.15	1 178 051.00
单位活期存款	275 260.72	297 478.59	303 393.93	337 736.86
单位定期存款	275 189.30	289 329.28	298 571.22	288 240.66
个人存款	544 693.66	539 127.13	547 874.00	552 073.48
不纳入广义货币的存款	36 494.53	34 231.37	36 664.59	36 439.86
可转让存款	8 965.94	8 508.81	9 381.15	10 806.19
其他存款	27 528.58	25 722.56	27 283.43	25 633.66
其他负债	11 747.61	13 169.55	17 227.95	35 251.87
对中央银行负债	34 526.73	32 126.43	31 295.57	33 638.06
对其他存款性公司负债	107 778.75	118 407.41	117 974.71	131 306.03
对其他金融性公司负债	122 365.09	154 896.51	152 605.04	155 914.90
其中：计入广义货币的存款	118 239.30	148 836.10	148 961.94	151 010.53
国外负债	20 945.54	21 344.34	16 778.72	12 978.41
债券发行	129 897.12	139 064.65	147 648.53	160 003.65
实收资本	37 711.26	38 912.39	40 735.85	42 994.68
其他负债	193 377.81	202 210.43	222 762.61	204 978.01
总负债	**1 789 988.10**	**1 880 298.08**	**1 933 532.71**	**1 991 556.48**

数据来源：中国人民银行。

附表 10

2015年中资大型银行资产负债表
（季末余额）

单位：亿元

项　目	第一季度	第二季度	第三季度	第四季度
国外资产	26 643.91	26 415.04	26 227.08	24 884.54
储备资产	132 276.76	129 926.69	122 904.24	111 190.80
准备金存款	128 435.92	126 452.59	118 656.81	107 456.99
库存现金	3 840.84	3 474.11	4 247.42	3 733.80
对政府债权	43 798.04	48 492.35	55 820.33	70 540.13
其中：中央政府	43 798.04	48 492.35	55 820.33	70 540.13
对中央银行债权	6 189.93	5 997.73	5 967.86	5 908.48
对其他存款性公司债权	116 838.46	135 278.98	126 980.80	131 167.49
对其他金融性公司债权	40 068.67	38 926.98	43 582.98	47 454.67
对非金融性公司债权	374 416.19	385 118.35	398 181.34	416 234.50
对其他居民部门债权	126 418.80	131 495.53	137 370.44	142 372.88
其他资产	55 683.19	54 604.23	61 483.01	38 639.56
总资产	**922 333.95**	**956 255.89**	**978 518.08**	**988 393.06**
对非金融机构及住户负债	618 823.78	626 352.02	640 428.91	661 772.38
纳入广义货币的存款	592 155.66	599 891.34	608 856.15	612 006.74
单位活期存款	148 109.86	158 510.33	159 844.17	169 086.72
单位定期存款	111 368.25	115 631.36	118 251.44	112 675.75
个人存款	332 677.54	325 749.65	330 760.54	330 244.27
不纳入广义货币的存款	17 598.24	16 339.75	17 388.19	17 737.95
可转让存款	4 115.88	3 957.38	4 216.04	5 022.13
其他存款	13 482.37	12 382.36	13 172.15	12 715.83
其他负债	9 069.87	10 120.92	14 184.58	32 027.68
对中央银行负债	17 713.29	20 555.66	18 984.72	19 559.78
对其他存款性公司负债	14 646.01	19 920.75	26 277.70	30 885.19
对其他金融性公司负债	58 396.61	72 148.92	61 679.35	61 407.33
其中：计入广义货币的存款	57 726.05	71 527.17	60 917.84	60 135.96
国外负债	9 575.17	9 810.57	7 633.13	5 467.31
债券发行	71 502.76	73 542.59	76 658.12	80 907.47
实收资本	18 423.72	18 517.60	19 783.13	20 436.87
其他负债	113 252.61	115 407.80	127 073.02	107 956.73
总负债	**922 333.95**	**956 255.89**	**978 518.08**	**988 393.06**

数据来源：中国人民银行。

附表 11

2015年中资中型银行资产负债表
（季末余额）

单位：亿元

项　目	第一季度	第二季度	第三季度	第四季度
国外资产	11 677.01	11 688.63	14 057.18	13 433.26
储备资产	40 625.00	43 865.57	42 264.76	41 449.61
准备金存款	39 923.03	43 198.68	41 613.37	40 820.81
库存现金	701.96	666.89	651.39	628.80
对政府债权	14 545.11	16 757.43	19 647.48	21 840.54
其中：中央政府	14 545.11	16 757.43	19 647.48	21 840.54
对中央银行债权	126.43	146.22	123.60	122.40
对其他存款性公司债权	59 815.21	59 642.60	62 646.05	65 520.82
对其他金融性公司债权	50 833.78	65 764.67	65 468.58	71 282.10
对非金融性公司债权	165 398.27	170 285.22	172 923.37	180 137.43
对其他居民部门债权	48 010.94	50 763.10	53 335.91	55 929.47
其他资产	13 309.87	14 824.20	15 819.10	14 033.09
总资产	**404 341.61**	**433 737.65**	**446 286.03**	**463 748.73**
对非金融机构及住户负债	205 713.47	215 778.57	219 594.41	226 090.77
纳入广义货币的存款	190 774.69	201 671.35	204 401.05	211 664.35
单位活期存款	56 588.42	62 043.95	63 303.22	75 061.44
单位定期存款	88 974.28	94 097.81	95 721.62	90 444.21
个人存款	45 211.98	45 529.59	45 376.21	46 158.70
不纳入广义货币的存款	13 779.78	12 744.64	13 799.43	13 045.52
可转让存款	2 808.35	2 591.26	2 956.42	3 342.09
其他存款	10 971.43	10 153.38	10 843.01	9 703.43
其他负债	1 158.99	1 362.58	1 393.93	1 380.90
对中央银行负债	12 654.60	7 648.96	8 278.28	10 208.58
对其他存款性公司负债	37 939.58	38 631.60	35 809.89	42 450.90
对其他金融性公司负债	49 490.82	64 243.52	67 288.94	68 221.15
其中：计入广义货币的存款	47 162.15	60 452.17	65 853.56	66 507.20
国外负债	5 188.14	4 927.62	3 393.02	2 388.30
债券发行	51 701.04	56 201.88	59 761.51	64 192.10
实收资本	3 183.08	3 570.00	3 611.58	4 002.38
其他负债	38 470.89	42 735.50	48 548.40	46 194.54
总负债	**404 341.61**	**433 737.65**	**446 286.03**	**463 748.73**

数据来源：中国人民银行。

附表 12　**2015年中资小型银行资产负债表**

（季末余额）

单位：亿元

项　　目	第一季度	第二季度	第三季度	第四季度
国外资产	517.21	610.15	716.82	693.71
储备资产	42 754.10	43 901.47	43 031.88	47 046.77
准备金存款	41 193.44	42 413.09	41 422.19	45 473.66
库存现金	1 560.66	1 488.38	1 609.68	1 573.11
对政府债权	10 001.52	10 852.62	12 642.92	14 705.23
其中：中央政府	10 001.52	10 852.62	12 642.92	14 705.23
对中央银行债权	96.67	121.36	129.59	88.47
对其他存款性公司债权	63 572.92	66 913.97	70 198.25	75 065.01
对其他金融性公司债权	32 223.41	40 187.49	42 931.42	50 200.43
对非金融性公司债权	118 063.58	126 158.67	132 840.83	139 038.96
对其他居民部门债权	39 771.04	42 292.19	44 329.18	46 630.56
其他资产	11 386.63	11 780.74	12 446.42	13 154.98
总资产	**318 387.09**	**342 818.66**	**359 267.30**	**386 624.11**
对非金融机构及住户负债	214 995.48	226 452.40	237 308.35	251 930.92
纳入广义货币的存款	212 132.53	223 416.55	233 998.61	248 664.15
单位活期存款	48 235.59	51 942.10	54 791.79	62 771.09
单位定期存款	54 171.31	59 044.08	62 264.85	62 883.98
个人存款	109 725.64	112 430.38	116 941.97	123 009.08
不纳入广义货币的存款	1 976.22	2 142.31	2 334.11	2 208.27
可转让存款	347.40	339.19	454.51	389.41
其他存款	1 628.83	1 803.12	1 879.60	1 818.86
其他负债	886.73	893.54	975.63	1 058.49
对中央银行负债	2 669.46	2 418.96	2 574.89	2 668.09
对其他存款性公司负债	43 663.18	47 571.90	43 709.83	47 394.93
对其他金融性公司负债	13 038.21	16 594.40	21 708.67	24 054.77
其中：计入广义货币的存款	12 486.17	15 769.32	20 774.01	22 820.54
国外负债	805.94	978.23	862.96	850.26
债券发行	6 309.47	8 960.17	10 826.01	14 437.98
实收资本	8 945.78	9 493.88	9 812.31	10 641.37
其他负债	27 959.56	30 348.73	32 464.28	34 645.79
总负债	**318 387.09**	**342 818.66**	**359 267.30**	**386 624.11**

数据来源：中国人民银行。

附表 13

2015年外资银行资产负债表
（季末余额）

单位：亿元

项　　目	第一季度	第二季度	第三季度	第四季度
国外资产	1 937.99	2 054.12	2 190.30	2 390.65
储备资产	2 650.29	2 524.09	2 438.89	2 899.27
准备金存款	2 639.24	2 513.54	2 427.63	2 889.05
库存现金	11.05	10.55	11.26	10.22
对政府债权	1 695.02	1 837.79	1 936.60	1 793.24
其中：中央政府	1 695.02	1 837.79	1 936.60	1 793.24
对中央银行债权	38.56	101.81	120.19	105.38
对其他存款性公司债权	5 228.60	5 280.60	4 790.88	4 688.87
对其他金融性公司债权	2 256.51	2 470.90	2 397.77	2 589.86
对非金融性公司债权	10 948.71	10 781.92	10 498.03	10 266.95
对其他居民部门债权	868.85	904.76	941.53	980.02
其他资产	941.91	944.24	1 259.74	1 969.34
总资产	**26 566.44**	**26 900.23**	**26 573.93**	**27 683.59**
对非金融机构及住户负债	14 266.01	14 079.04	13 844.17	14 592.80
纳入广义货币的存款	11 235.04	10 898.56	10 737.56	11 213.45
单位活期存款	2 676.75	2 882.91	2 773.03	3 750.78
单位定期存款	6 765.12	6 344.67	6 375.07	5 958.48
个人存款	1 793.17	1 670.97	1 589.47	1 504.20
不纳入广义货币的存款	2 520.47	2 506.30	2 554.87	2 774.10
可转让存款	1 218.48	1 290.64	1 389.18	1 562.76
其他存款	1 301.99	1 215.66	1 165.69	1 211.34
其他负债	510.50	674.18	551.74	605.24
对中央银行负债	124.50	2.36	4.44	4.76
对其他存款性公司负债	1 856.29	1 972.84	2 038.19	2 018.67
对其他金融性公司负债	923.07	1 100.82	1 385.65	1 523.71
其中：计入广义货币的存款	699.16	877.41	1 155.40	1 314.78
国外负债	5 361.17	5 593.31	4 856.19	4 241.26
债券发行	193.38	153.70	155.51	257.42
实收资本	1 636.73	1 704.97	1 709.77	1 744.23
其他负债	2 205.29	2 293.20	2 580.01	3 300.74
总负债	**26 566.44**	**26 900.23**	**26 573.93**	**27 683.59**

数据来源：中国人民银行。

附表 14　**2015年农村信用社资产负债表**
（季末余额）

单位：亿元

项　　目	第一季度	第二季度	第三季度	第四季度
国外资产	2.96	3.15	3.54	3.42
储备资产	12 181.81	11 644.13	11 487.68	14 569.64
准备金存款	11 168.08	10 776.48	10 575.59	13 846.24
库存现金	1 013.74	867.65	912.08	723.40
对政府债权	595.32	658.96	988.37	1 217.19
其中：中央政府	595.32	658.96	988.37	1 217.19
对中央银行债权	116.97	61.88	61.49	4.50
对其他存款性公司债权	24 671.46	24 024.44	24 133.03	19 771.18
对其他金融性公司债权	2 432.60	3 258.82	3 062.65	2 709.76
对非金融性公司债权	23 308.55	23 467.09	23 748.30	22 691.57
对其他居民部门债权	22 420.11	22 583.31	22 361.20	20 729.17
其他资产	4 536.73	4 426.50	4 419.46	4 249.14
总资产	**90 266.51**	**90 128.28**	**90 265.71**	**85 945.57**
对非金融机构及住户负债	68 223.34	67 026.04	66 646.89	63 806.72
纳入广义货币的存款	68 104.31	66 910.11	66 526.46	63 630.41
单位活期存款	9 895.24	10 129.58	10 325.42	9 916.45
单位定期存款	2 927.45	3 037.13	2 997.59	2 558.67
个人存款	55 281.63	53 743.40	53 203.45	51 155.30
不纳入广义货币的存款	6.89	6.74	6.88	7.46
可转让存款	0.34	0.28	0.55	0.89
其他存款	6.55	6.46	6.33	6.57
其他负债	112.14	109.19	113.55	168.85
对中央银行负债	1 241.75	1 390.03	1 342.91	1 071.97
对其他存款性公司负债	8 990.70	9 725.46	9 799.85	7 908.88
对其他金融性公司负债	418.39	691.40	394.61	507.92
其中：计入广义货币的存款	103.08	126.13	147.96	126.59
国外负债	0.13	0.11	0.17	0.18
债券发行	1.00	16.29	57.16	17.88
实收资本	2 518.32	2 529.16	2 535.23	2 566.03
其他负债	8 872.89	8 749.78	9 488.89	10 065.99
总负债	**90 266.51**	**90 128.28**	**90 265.71**	**85 945.57**

数据来源：中国人民银行。

附表 15

证券市场概况统计表

年　份	2010	2011	2012	2013	2014	2015
境内上市公司数（A、B股）（家）	2 063	2 342	2 494	2 489	2 613	2 827
境内上市外资股（B股）（家）	108	108	107	106	104	101
境外上市公司数（H股）（家）	165	171	179	182	205	231
总发行股本（亿股）	33 184.35	36 095.52	38 395.00	40 569.08	43 610.13	49 997.26
其中：流通股本（亿股）	25 642.03	28 850.26	31 339.60	36 744.16	39 104.28	44 026.44
股票市价总值（亿元）	265 422.59	214 758.10	230 357.62	239 077.19	372 546.96	531 304.20
其中：股票流通市值（亿元）	193 110.41	164 921.30	181 658.26	199 579.54	315 624.31	417 925.40
股票交易量（亿股）	42 151.99	33 957.55	32 881.06	48 372.67	73 754.61	171 039.46
股票成交金额（亿元）	545 633.54	421 646.74	314 667.41	468 728.60	743 912.98	2 550 538.29
上证综合指数（收盘）	2 808.08	2 199.42	2 269.13	2 115.98	3 234.68	3 539.18
深证综合指数（收盘）	1 290.87	866.65	881.17	1 057.67	1 415.19	2 308.91
投资者账户（万户）	13 391.04	14 050.37	17 064.46	17 517.63	14 214.68	21 477.57
平均市盈率						
上海	21.61	13.40	12.30	10.99	15.99	17.63
深圳	44.69	23.11	22.01	27.76	34.05	52.75
平均换手率（%）						
上海	197.61	124.80	101.59	123.59	439.50	388.50
深圳	557.46	340.49	297.85	389.11	635.81	946.04
国债发行额（亿元）	19 778	17 100	16 154	20 230	21 747	59 408
公司信用类债券发行额（亿元）			37 365	36 784	51 516	67 205
银行间市场国债现货成交金额（亿元）				58 152	58 797	99 296
银行间市场国债回购成交金额（亿元）				591 766	839 347	1 589 806
证券投资基金只数（只）	704	914	1 173	1 552	1 897	2 722
证券投资基金规模（亿元）	24 228.35	26 510.37	28 661.81	30 025.77	45 353.61	83 971.83
交易所上市证券投资基金成交金额（亿元）	8 996.43	6 365.80	8 667.36	12 562.04	19 904.62	76 859.68
期货成交总量（万手）	156 684.42	105 413.75	145 052.57	206 182.30	250 585.57	357 768.26
期货成交额（亿元）	1 540 296.21	1 375 162.44	1 711 269.35	2 674 662.02	2 919 882.26	5 530 159.69

数据来源：中国人民银行、中国证监会、中国证券投资基金业协会、中央国债登记结算有限责任公司。

附表 16　　股票市值与GDP的比率

单位：亿元，%

年　份	GDP	市价总值	比率	流通市值	比率
1998	84 402	19 506	23.11	5 746	6.81
1999	89 677	26 471	29.52	8 214	9.16
2000	99 215	48 091	48.47	16 088	16.21
2001	109 655	43 522	39.69	14 463	13.19
2002	120 333	38 329	31.85	12 485	10.38
2003	135 823	42 458	31.26	13 179	9.70
2004	159 878	37 056	23.18	11 689	7.31
2005	183 868	32 430	17.64	10 631	5.78
2006	211 923	89 404	42.19	25 004	11.80
2007	249 530	327 141	131.10	93 064	37.30
2008	300 670	121 366	40.36	45 214	15.04
2009	335 353	243 939	72.74	151 259	45.10
2010	397 983	265 422	66.69	193 110	48.52
2011	471 564	214 758	45.54	164 921	34.97
2012	519 322	230 358	44.36	181 658	34.98
2013	568 845	239 077	42.03	199 580	35.09
2014	636 463	372 547	58.53	315 624	49.59
2015	676 708	531 304	78.51	417 925	61.76

数据来源：国家统计局、中国证监会。

附表 17　　境内股票筹资额和银行贷款增加额的比率

单位：亿元，%

年　份	境内股票筹资额	银行贷款增加额	比率
1998	803.57	11 490.94	6.99
1999	897.39	10 846.36	8.27
2000	1 541.02	13 346.61	11.55
2001	1 182.13	12 439.41	9.50
2002	779.75	18 979.20	4.11
2003	823.10	27 702.30	2.97
2004	862.67	19 201.60	4.49
2005	338.13	16 492.60	2.05
2006	2 463.70	30 594.89	8.05
2007	7 722.99	36 405.60	21.21
2008	2 619.71	41 703.76	6.28
2009	3 894.53	96 290.18	4.04
2010	8 954.99	79 510.73	11.26
2011	5 073.07	68 751.14	7.38
2012	3 127.54	81 962.95	3.82
2013	3 457.52	93 326.01	3.70
2014	4 834.04	101 548.47	4.76
2015	8 295.14	117 007.11	7.09

注：自2008年起，股票再筹资中区分定向增发（现金）和定向增发（资产注入），本表2008年以后境内股票融资额不包含定向增发（资产注入）部分。

数据来源：根据中国证监会、中国人民银行数据整理。

附表 18

股票市场概况统计表

年　　份		2009	2010	2011	2012	2013	2014	2015
境内上市公司数（A、B股）（家）		1 718	2 063	2 342	2 494	2 489	2 613	2 827
其中：ST公司数（家）		142	153	137	96	57	43	52
中小板公司数（家）		327	531	646	701	701	732	776
创业板公司数（家）		36	153	281	355	355	406	492
境内上市外资股（B股）(家）		108	108	108	107	106	104	101
其中：ST公司数（家）					12		4	0
总发行股本（亿股）		26 162.85	33 184.35	36 095.52	38 395.00	40 569.08	43 610.13	49 997.26
其中：中小板总发行股本		794.13	1 366.74	1 943.50	2 410.25	2 818.48	3 470.59	4 853.94
创业板总发行股本		34.60	175.06	399.53	600.89	761.56	1 077.26	1 840.45
市价总值（亿元）		243 939.12	265 422.59	214 758.10	230 357.62	239 077.19	372 546.96	531 304.20
其中：中小板市价总值		16 872.55	35 364.61	27 429.32	28 804.03	37 163.74	51 058.20	103 950.47
创业板市价总值		1 610.08	7 365.22	7 433.79	8 731.20	15 091.98	21 850.95	55 916.25
流通市值（亿元）		151 258.65	193 110.41	164 921.30	181 658.26	199 579.54	315 624.31	417 925.40
其中：中小板流通市值		7 503.57	16 150.32	14 343.52	16 244.15	25 543.70	36 017.99	69 737.04
创业板流通市值		298.97	2 005.64	2 504.08	3 335.29	8 218.83	13 072.90	32 078.68
成交量（亿股）	合计	51 106.99	42 151.99	33 957.55	32 881.06	48 372.67	73 754.61	171 039.50
	日平均	209.45	174.18	139.17	135.31	203.25	301.04	700.98
	中小板	3 283.65	4 055.35	3 729.74	5 075.85	8 245.92	11 313.54	25 409.94
	创业板	38.55	400.53	761.69	1 478.14	3 035.83	4 035.31	9 938.88

续表

年份		2009	2010	2011	2012	2013	2014	2015
成交金额（亿元）	合计	535 986.74	545 633.54	421 649.72	314 667.41	468 728.60	743 912.98	2 550 538.29
	日平均	2 196.67	2 254.68	1 728.07	1 294.93	1 969.45	3 036.38	10 453.03
	中小板	48 273.52	85 832.42	69 026.48	61 891.45	100 224.00	152 166.56	497 556.18
	创业板	1 828.11	15 717.88	18 879.15	23 304.64	51 182.00	78 041.35	285 352.81
平均换手率（%）	上海	499.41	197.61	124.80	101.59	123.59	439.50	388.50
	深圳	793.27	557.46	340.49	297.85	389.11	635.81	946.04
平均市盈率	上海	28.73	21.61	13.40	12.30	10.99	15.99	17.63
	深圳	46.01	44.69	23.11	22.01	27.76	34.05	52.75
	中小板	51.01	56.93	28.26	25.42	34.07	41.06	68.06
	创业板	105.38	78.53	37.62	32.01	55.21	64.51	109.01
上证综合指数	开盘	1 849.02	3 289.75	2 825.33	2 212.00	2 289.51	2 112.13	3 258.63
	最高	3 478.01	3 306.75	3 067.46	2 478.37	2 444.80	3 234.68	5 166.35
	月日	2009-8-4	2010-1-11	2011-4-18	2012-2-27	2013-2-18	2014-12-31	2015-6-12
	最低	1 844.09	2 319.74	2 134.02	1 949.46	1 849.65	1 991.25	2 927.29
	月日	2009-1-5	2010-7-2	2011-12-28	2012-12-4	2013-6-25	2014-1-20	2015-8-26
	收盘	3 277.14	2 808.08	2 199.42	2 269.13	2 115.98	3 234.68	3 539.18
深证综合指数	开盘	560.10	1 207.33	1 298.60	871.93	887.36	1 055.88	1 419.44
	最高	1 240.64	1 414.64	1 316.19	1 020.29	1 106.27	1 504.48	3 140.66
	月日	2009-12-4	2010-11-11	2011-1-6	2012-3-14	2013-10-22	2014-12-16	2015-6-12
	最低	557.69	890.24	828.83	724.97	815.89	1 004.93	1 428.37
	月日	2009-1-5	2010-7-2	2011-12-28	2012-12-4	2013-06.25	2014-4-29	2015-1-19
	收盘	1 201.34	1 290.87	866.65	881.17	1 057.67	1 415.19	2 308.91

数据来源：中国证监会、上海证券交易所、深圳证券交易所。

附表 19

中国债券发行情况汇总表

单位：亿元

年份	国债			金融债券			公司信用类债券（企业债）		
	发行额	兑付额	期末余额	发行额	兑付额	期末余额	发行额	兑付额	期末余额
1996	1 847.77	786.64	4 361.43				268.92	317.80	597.73
1997	2 411.79	1 264.29	5 508.93				255.23	219.81	521.02
1998	3 808.77	2 060.86	7 765.70				147.89	105.25	676.93
1999	4 015.00	1 238.70	10 542.00				158.20	56.50	778.63
2000	4 657.00	2 179.00	13 020.00				83.00		861.63
2001	4 884.00	2 286.00	15 618.00				147.00		
2002	5 934.30	2 216.20	19 336.10				325.00		
2003	6 280.10	2 755.80	22 603.60				358.00		
2004	6 923.90	3 749.90	25 777.60				327.00		
2005	7 042.00	4 045.50	28 774.00				2 046.50	37.00	
2006	8 883.30	6 208.61	31 448.69				3 938.30	1 672.40	
2007	23 139.10	5 846.80	48 741.00				5 181.00	2 880.90	7 683.30
2008	8 558.20	7 531.40	49 767.80				8 723.40	3 277.84	13 250.62
2009	17 927.24	9 745.06	57 949.98				16 599.30	4 309.12	25 540.80
2010	19 778.30	10 043.38	67 684.90				16 094.45	5 099.23	36 318.15
2011	17 100.00	10 959.00	75 832.00	23 491.00	7 683.00	75 748.00	23 548.00	10 326.00	49 095.00
2012	16 154.00	9 464.00	82 522.00	26 202.00	8 588.00	93 362.00	37 365.00	8 750.00	77 710.00
2013	20 229.94	8 996.11	95 470.65	26 310.04	13 305.88	105 771.74	36 783.92	18 672.74	93 241.68
2014	21 747.00	10 365.00	107 275.00	36 552.00	19 345.00	125 489.00	51 516.00	27 388.00	116 214.00
2015	59 408.00	12 803.00	154 524.00	102 095.00	53 852.00	184 596.00	67 205.00	39 757.00	144 329.00

注：1. 金融债券指由金融企业发行的债券，包括国开行金融债、政策性金融债、商业银行普通债、商业银行次级债、商业银行资本混合债、资产支持证券、证券公司债券、证券公司短期融资券、资产管理公司金融债。

2. 因统计制度调整，自2012年起，表中“企业债”替换为“公司信用类债券”，包括非金融企业债务融资工具、企业债券以及公司债、可转债、可分离债、中小企业私募债。

数据来源：中国人民银行。

附表 20

中国保险业发展概况统计表

单位：亿元，%

项　目	2009年	同比增长	2010年	同比增长	2011年	同比增长	2012年	同比增长	2013年	同比增长	2014年	同比增长	2015年	同比增长
保费收入	11 137.30	13.83	14 527.97	30.44	14 339.25	—	15 487.93	8.01	17 222.24	11.20	20 234.81	17.49	24 282.52	20.00
1. 财产险	2 875.83	23.07	3 895.64	35.46	4 617.82	18.54	5 330.93	15.44	6 212.26	16.53	7 203.38	15.95	7 994.97	10.99
2. 人身意外伤害	230.05	13.02	275.35	19.69	334.12	—	386.18	15.58	461.34	19.46	542.57	17.61	635.56	17.14
3. 健康险	573.98	−1.96	677.47	18.03	691.72	—	862.76	24.73	1 123.50	30.22	1 587.18	41.27	2 410.47	51.87
4. 寿险	7 457.44	12.00	9 679.51	29.80	8 695.59	—	8 908.06	2.44	9 425.14	5.80	10 901.69	15.67	13 241.52	21.46
赔款、给付	3 125.48	5.19	3 200.43	2.40	3 929.37	22.78	4 716.32	20.03	6 212.90	31.73	7 216.21	16.15	8 674.14	20.20
1. 财产险	1 575.78	11.10	1 756.03	11.44	2 186.93	24.54	2 816.33	28.78	3 439.14	22.11	3 788.21	10.15	4 194.17	10.72
2. 人身意外伤害	63.92	2.15	71.39	11.69	81.84	14.64	96.80	18.28	109.51	13.12	128.42	17.27	151.84	18.24
3. 健康险	217.03	23.82	264.02	21.65	359.67	36.23	298.17	−17.10	411.13	37.88	571.16	38.92	762.97	33.58
4. 寿险	1 268.74	−3.52	1 108.99	−12.59	1 300.93	17.31	1 505.01	15.69	2 253.13	49.71	2 728.43	21.09	3 565.17	30.67
营业费用	1 234.06	14.32	1 538.35	24.66	1 882.38	22.36	2 171.46	15.36	2 459.59	13.27	2 795.79	13.67	3 336.72	19.35
银行存款	10 519.68	30.07	13 909.97	32.23	17 737.17	27.51	23 446.00	32.19	22 640.98	−3.43	25 233.44	11.45	24 349.67	−3.50
投资	26 897.43	19.73	32 136.65	19.48	37 736.67	17.43	45 096.58	19.50	54 232.43	20.26	66 997.41	23.54	87 445.81	30.52
其中：国债	4 053.82	−3.67	4 815.78	18.80	4 742.40	−1.52	4 795.02	1.11	4 776.73	−0.38	5 009.88	4.88	5 831.12	16.39
证券投资基金	2 758.78	67.56	2 620.73	−5.00	2 915.86	11.26	3 625.58	24.34	3 575.52	−1.38	4 714.28	31.85	8 856.50	87.87
资产总额	40 634.75	21.59	50 481.61	24.23	60 138.10	19.13	73 545.73	22.29	82 886.95	12.70	101 591.47	22.57	123 597.76	21.66

注：1.自2011年起，保险业根据财政部《企业会计准则解释第2号》调整了保险收入确认原则，按照新口径统计保费收入，故2011年保费收入不能与往年进行比较。

2.保费收入、赔款给付、营业费用为年度数据。

3.银行存款、投资、资产总额为年底数据。

数据来源：根据中国保监会网站提供数据整理。

附表 21　2011–2015年全国非寿险保费收入构成

单位：亿元，%

险　种	2011	占比	2012	占比	2013	占比	2014	占比	2015	占比
车险	3 504.56	73.33	4 005.17	72.43	4 720.79	72.84	5 515.93	73.11	6 198.96	73.59
企财险	329.81	6.90	360.36	6.52	378.80	5.84	387.35	5.13	386.16	4.58
货运险	97.83	2.05	101.71	1.84	102.94	1.59	95.44	1.27	88.16	1.05
意外险	105.12	2.20	126.54	2.29	150.93	2.33	171.93	2.28	199.95	2.37
责任险	148.01	3.10	183.77	3.32	216.63	3.34	253.30	3.36	301.85	3.58
其他	593.73	12.42	752.33	13.60	911.07	14.06	1 120.45	14.85	1 248.18	14.82
合计	4 779.06	100.00	5 529.88	100.00	6 481.16	100.00	7 544.40	100.00	8 423.26	100.00

数据来源：中国保监会。

附表 22　2011–2015年全国寿险保费收入构成

单位：亿元，%

险种	2011	占比	2012	占比	2013	占比	2014	占比	2015	占比
人寿保险	8 695.40	90.96	8 907.90	89.46	9 424.99	87.75	10 901.57	85.90	13 241.40	83.49
其中：普通保险	951.20	9.95	969.65	9.74	1 200.27	11.17	4 296.49	33.86	6 728.14	42.42
分红保险	7 662.54	80.15	7 854.29	78.88	8 132.81	75.72	6 508.75	51.29	6 413.19	40.44
投资连结保险	4.55	0.05	4.35	0.04	4.42	0.04	4.42	0.03	4.18	0.03
意外伤害保险	229.00	2.40	259.64	2.61	310.41	2.89	370.63	2.92	435.61	2.75
健康保险	635.61	6.65	790.35	7.94	1 005.52	9.36	1 418.09	11.17	2 182.13	13.76
合计	9 560.00	100.00	9 957.89	100.00	10 740.93	100.00	12 690.28	100.00	15 859.13	100.00

数据来源：中国保监会。

附表 23　　2015年全国各地区保费收入情况表

单位：亿元

地区	原保险保费收入	财产保险	寿险	意外险	健康险
全国合计	24 282.52	7 994.97	13 241.52	635.56	2 410.47
江　苏	2 166.82	665.32	1 205.95	61.46	234.10
广　东	1 989.92	672.19	1 083.92	54.22	179.58
山　东	1 543.49	473.76	881.85	32.20	155.67
北　京	1 403.89	344.66	778.20	37.71	243.32
浙　江	1 267.30	421.44	690.83	32.89	122.14
河　南	1 248.76	320.16	794.72	22.44	111.44
四　川	1 207.08	525.42	541.40	37.68	102.58
河　北	1 163.10	399.50	642.21	22.95	98.45
上　海	1 125.16	355.40	607.63	45.71	116.43
湖　北	843.63	238.24	495.40	22.01	87.97
湖　南	712.18	243.21	389.19	19.77	60.01
安　徽	708.01	206.90	402.69	11.70	86.72
深　圳	698.92	273.35	353.70	13.26	58.61
福　建	647.55	214.55	331.16	25.41	76.42
辽　宁	631.22	199.26	344.18	18.13	69.64
陕　西	591.77	133.57	403.32	10.13	44.75
山　西	586.73	159.55	377.18	9.15	40.85
黑龙江	572.45	176.75	329.49	13.46	52.74
重　庆	514.58	155.93	276.20	17.75	64.70
云　南	508.43	162.02	295.02	10.55	40.84
江　西	434.60	201.19	170.46	17.06	45.89
天　津	431.32	120.57	270.78	6.29	33.67
广　西	398.34	120.28	236.66	7.46	33.94
内蒙古	395.48	149.28	203.58	7.94	34.67
新　疆	385.75	147.14	185.42	15.21	37.97
吉　林	367.43	142.96	169.43	13.18	41.86
宁　波	257.80	133.95	97.08	9.90	16.87
贵　州	256.89	90.30	132.74	7.89	25.96
甘　肃	244.12	93.23	125.10	5.61	20.17
青　岛	233.35	70.99	138.74	4.79	18.83
大　连	228.25	121.29	90.76	5.99	10.21
厦　门	146.36	61.36	63.93	5.06	16.02
宁　夏	114.25	44.28	58.87	2.89	8.21
海　南	103.31	41.01	47.43	2.97	11.90
青　海	56.30	26.12	22.67	1.64	5.87
西　藏	17.36	11.14	3.50	1.47	1.25
集团、总公司本级	80.65	78.70	0.13	1.62	0.20

注：集团、总公司本级是指集团、总公司开展的业务，不计入任何地区。
数据来源：中国保监会。

附表 24

支付系统业务量统计表

单位：万笔，亿元

项目/年度	2011年		2012年		2013年		2014年		2015年	
	笔数	金额	笔数	金额	笔数	金额	笔数	金额	笔数	金额
大额支付系统	37 211.44	13 552 814.97	47 035.96	17 719 972.13	59 548.66	20 607 617.10	71 256.49	23 468 933.87	78 883.86	29 520 565.22
小额支付系统	56 304.92	183 614.11	75 393.50	185 477.54	104 027.48	203 154.11	143 580.15	220 751.23	183 526.95	249 402.68
网上支付跨行清算系统			26 580.35	35 630.14	71 784.34	94 684.65	163 914.52	177 893.21	296 555.07	277 563.81
同城票据清算系统	41 803.08	709 484.72	39 135.21	665 182.46	41 871.79	682 892.87	38 381.54	632 193.30	39 515.72	1 243 363.80
境内外币支付系统	76.24	17 103.76	111.05	33 614.79	139.44	44 294.86	191.13	52 809.80	207.88	57 002.02
银行业金融机构行内支付系统	729 076.77	5 305 821.12	895 492.15	6 245 593.61	1 075 915.50	7 452 224.44	1 431 813.80	8 962 797.55	1 970 775.51	11 940 122.11
银行卡跨行交易清算系统	1 038 147.93	159 285.29	1 248 897.88	217 631.82	1 513 946.08	322 972.28	1 867 366.07	411 097.10	2 066 757.44	492 752.74

数据来源：中国人民银行。

责任编辑：戴　硕　董　飞
责任校对：刘　明
责任印制：程　颖

图书在版编目（CIP）数据

中国金融稳定报告（Zhongguo Jinrong Wending Baogao）.2016/中国人民银行金融稳定分析小组编.—北京：中国金融出版社，2016. 6
ISBN 978 – 7 – 5049 – 8563 – 7

Ⅰ.①中…　Ⅱ.①中…　Ⅲ.①金融市场—研究报告—中国—2016　Ⅳ.①F832.5

中国版本图书馆CIP数据核字（2016）第118169号

出版发行　中国金融出版社
社址　北京市丰台区益泽路2号
市场开发部　（010）63266347，63805472，63439533（传真）
网 上 书 店　http://www.chinafph.com
（010）63286832，63365686（传真）
读者服务部　（010）66070833，62568380
邮编　100071
经销　新华书店
印刷　北京市松源印刷有限公司
尺寸　210毫米 × 285毫米
印张　12.5
字数　230千
版次　2016年6月第1版
印次　2016年6月第1次印刷
定价　228.00元
ISBN 978 – 7 – 5049 – 8563 – 7/F. 8123
如出现印装错误本社负责调换　联系电话（010）63263947